CAMILLE HABERT

AU SOUDAN

EXCURSION

DANS L'OUEST AFRICAIN

Illustrations de De BAR, KIRSCHNER, etc.

PARIS
LIBRAIRIE CHARLES DELAGRAVE
15, RUE SOUFFLOT, 15

AU SOUDAN

SOCIÉTÉ ANONYME D'IMPRIMERIE DE VILLEFRANCHE-DE-ROUERGUE
Jules Bardoux, Directeur.

Camille Habert.

CAMILLE HABERT

AU SOUDAN

EXCURSION DANS L'OUEST AFRICAIN

Illustrations de DE BAR, KIRSCHNER, etc.

PARIS
LIBRAIRIE CH. DELAGRAVE
15, RUE SOUFFLOT, 15

1894

EXCURSION DANS L'OUEST AFRICAIN

I

Le vendredi 15 juin 1883, mon frère, un ami et moi nous nous embarquions à Toulon à bord du transport de l'État *la Sarthe*, à destination du Sénégal. Nous avions le projet de tenter une excursion dans l'intérieur de l'Afrique occidentale et, dans cette idée, nous nous étions munis d'une pacotille de différents objets propres aux échanges avec les naturels des contrées que nous allions traverser. Cette pacotille avait été expédiée à l'avance par les paquebots des Messageries maritimes de Bordeaux, et nous devions la trouver à Dakar, où la *Sarthe* devait nous débarquer.

A six heures du soir, le navire levait l'ancre par un temps splendide. Rien n'est majestueux comme l'appareillage et le départ d'un de ces énormes bâtiments de guerre, où tout semble se faire comme par magie au coup de sifflet d'un enchanteur. A peine le commandant eut-il fait un geste de son porte-voix, que le vaisseau se mit en mouvement, glissant lentement parmi ceux qui l'entouraient et d'une marche presque insensible. Tout à bord était silencieux; les marins, appuyés aux bastingages, jetaient un dernier regard à cette terre de France, qu'on désire souvent quitter, mais qu'on apprécie et qu'on aime d'autant plus qu'on en est plus éloigné. Pour nous, tout avait l'attrait de la nouveauté, et nous prenions un vif intérêt aux manœuvres, aux commandements, à tous les innombrables détails qui constituent cette forteresse flottante que l'on nomme un vaisseau de guerre.

J'ai rarement vu un spectacle plus grandiose, plus imposant que ce départ au bruit du canon, sur les flots bleus de la Méditerranée, à ce solennel moment de la soirée qui n'est plus le jour et qui n'est pas encore la nuit. Peu à peu, Toulon et les hauteurs qui l'environnent se perdirent dans le crépuscule grandissant, jusqu'à ce que la nuit, une nuit étoilée, tiède, tranquille, une nuit de Provence, vînt s'étendre sur nous. Alors le spectacle changea, et nous assistâmes au coucher des matelots. En quelques minutes les hamacs furent dépliés, suspendus dans la vaste batterie faiblement éclairée, et ceux qui avaient le bonheur de n'être pas de quart se glissèrent, en un clin d'œil, sous leur couverture; plusieurs même

Gibraltar.

poussaient l'empressement jusqu'à négliger de se déchausser.

Le lendemain, nous traversions le golfe de Lyon par un temps superbe. Les flots bleus de la Méditerranée berçaient doucement le navire, dont la puissante machine était chauffée par dix beaux noirs sénégalais. Cette première journée se passa à visiter le navire, à installer nos bagages, à jouir de la nouveauté de ce farniente de la vie maritime sous ce beau ciel méditerranéen; farniente pour nous, passagers, car Dieu sait que ce mot n'existe pas pour les matelots.

Le 17 juin nous étions, à sept heures du matin, en face des îles Baléares; à deux heures, nous longions la côte d'Espagne. Nous filions dix nœuds par une bonne brise.

Le 18 au soir, vers dix heures, nous respirions sur le pont la fraîcheur de la nuit, quand un bâtiment marchand faillit être coupé en deux par la *Sarthe,* faute d'avoir allumé ses feux; il passa à peine à quelques mètres de notre avant, ce qui provoqua une bordée de jurons et d'imprécations parmi les matelots de quart.

Le 19 nous entrions dans le détroit de Gibraltar, après avoir passé devant le fort Alboran. Vers huit heures du matin, nous apercevions Tarifa enfouie au milieu des massifs de verdure. Des bandes de souffleurs se jouaient dans le sillage du navire, envoyant dans les airs de magnifiques jets d'eau, que le soleil faisait étinceler en pluie perlée. Vers le soir, nous aperçûmes les phares de Gibraltar et le pic qui domine la ville endormie au bord du détroit. Déjà les longues lames de l'océan Atlantique se faisaient sentir, et le mal de mer, qui semblait avoir oublié ses victimes, commença à se faire pressentir.

Toute la journée nous marchâmes à la voile, au grand déplaisir des matelots, dont cette mesure augmentait le travail, tandis que les chauffeurs noirs se reposaient au soleil. Le 21, le roulis continua malgré le beau temps. Le 22, nous aperçûmes le pic de Ténériffe émergeant des flots comme un nuage et prenant forme et couleur à mesure que nous approchions. A huit heures du soir, nous jetions l'ancre dans le golfe de las Palmas, Grandes Canaries. Le temps était splendide, et la brise du soir nous apportait les parfums des fleurs et des orangers au milieu desquels la ville semble enfouie. De magnifiques montagnes l'entourent à perte de vue, la garantissant des vents froids et lui procurant ce printemps éternel qui a fait donner autrefois aux Canaries le nom d'îles Fortunées. Le lendemain 23, dès huit heures du matin, nous descendîmes à terre. Nous commençâmes par parcourir la ville, à la recherche d'un hôtel ou restaurant où nous pussions déjeuner. Bientôt nous aperçûmes une enseigne : FONDA DE PARIS.

« Voilà notre affaire ! » dis-je.

Le maître de l'établissement vint au-devant de nous; il parlait français, et ne doit pas être de nationalité espagnole. Notre déjeuner commandé pour onze heures, nous reprîmes notre promenade, l'esprit tranquille. Ayant avisé un café, nous y entrâmes afin de nous rafraîchir, car la chaleur était grande. Nous tombions mal, car c'était un cercle, où les affiliés seuls étaient reçus. Nous voulûmes nous retirer; mais les quelques Espagnols qui s'y trouvaient s'y refusèrent absolument et, avec la courtoisie proverbiale des anciens hidalgos, nous invitèrent gracieusement à nous reposer. L'un de nous, alors, demanda de la bière.

« Il n'y en a pas.

— Du vermouth?

— Il n'y en a pas.

— Du cognac?

— Il n'y en pas; rien que des sirops ou de la limonade... »

Heureux pays! Tu ignores, ou plutôt tu repousses toutes ces boissons sophistiquées, tous ces poisons déguisés qui, sous des noms plus ou moins baroques et dénués de sens, atrophient, abrutissent, abêtissent nos populations si robustes autrefois.

Nous fîmes donc comme les Espagnols, et nous nous rafraîchîmes avec d'excellent sirop glacé. Et, de fait, cette boisson nous parut beaucoup plus agréable que tous les apéritifs consacrés en France par l'usage, ou plutôt par la mode, et qui, sous prétexte d'aiguiser des appétits blasés, détériorent complètement des estomacs déjà délabrés. Nous continuâmes ensuite notre excursion par la ville, où se trouve notamment une église dont les deux chaires nous frappèrent par la richesse et la finesse de leurs sculptures, cependant assez difficiles à apprécier, vu l'obscurité dans laquelle l'intérieur de l'édifice est plongé. Sur la place principale, entre la halle et le théâtre, se trouve un jardin ou square admirable, rempli d'orangers, de bananiers, de fleurs aux mille couleurs et aux parfums enivrants, et d'où l'on découvre la mer à perte de vue. Ce coin du paradis fait désirer de pouvoir s'y établir à perpétuité...

Après une station à la halle, où les marchandes de fruits de toute espèce nous amusèrent par leur volubilité, par leurs costumes pittoresques, par la vivacité toute méridionale de leurs poses et de leurs gestes, nous revînmes à l'hôtel pour le déjeuner.

Après le déjeuner nous sortîmes de la ville pour aller voir la campagne, fort bien cultivée, à l'abri des montagnes. D'immenses champs de figuiers de Barbarie montraient, au milieu de leurs touffes épineuses, de grosses figues violettes et appétissantes.

L'heure du retour à bord s'approchant, nous prîmes une voiture pour nous ramener à la plage; rien ne peut donner une idée à un Français de ce qu'on nomme une voiture à las Palmas. C'est un assemblage informe de bois, de fer, de roues, de brancards, de harnais, formant un tout hétérogène assemblé par des courroies, des cordes, des ficelles, des bouts de fil de fer : tout cela grince, craque, hurle de se trouver ensemble et cherche continuellement à reprendre sa liberté individuelle; contre toutes les lois de la raison, on attache à cela une ou deux mules à pompons et à grelots, qui semblent avoir pour mission de disloquer l'édifice si artistement construit; puis un polisson à l'air éveillé se perche sur un des brancards et, fouettant les mules à tour de bras avec de grands cris, vient hardiment mettre sa machine roulante à la disposition des voyageurs.

Ce fut sur une de ces choses sans nom que nous nous installâmes, au mépris de toute prudence, craignant d'être en retard pour le retour à bord, fixé à quatre heures. Puis, sautant, cahotant, grinçant, craquant, criant, l'équipage partit au triple galop des mules; je ne saurais dire par quel miracle d'équilibre notre Automédon pouvait se maintenir sur le brancard, ni comment notre machine roulante ne fut pas réduite en morceaux durant le trajet vertigineux qu'elle effectua. Toujours est-il que nous fûmes déposés sains et saufs sur la plage du golfe, et que nous ne regrettâmes point de nous être fiés au *muchacho* en guenilles qui servait de cocher.

A quatre heures nous remettions le pied sur le

pont du bâtiment, et dans la soirée la *Sarthe* levait l'ancre et reprenait sa route.

Le 25, toujours par un temps magnifique, nous passâmes sous le tropique du Cancer à quatre heures du soir. Il est bien loin de nous, le temps où des cérémonies baroques signalaient cet événement et où le malheureux qui n'avait pas encore navigué était soumis à mille tourments plus vexatoires les uns que les autres. Seul, un des noirs du bord vint nous tracer le simulacre d'une croix sur le front avec un peu d'eau de mer qu'il avait dans une tasse, nous déclarant baptisés. C'était un prétexte comme un autre pour se faire donner quelque monnaie, et ce fut là toute la cérémonie du baptême du Tropique.

Le 27, dans la nuit, par un radieux clair de lune, comme je me promenais sur le pont, respirant la fraîcheur de la brise marine, j'aperçus un requin monstrueux qui s'approcha à quelques mètres du bord. Quelques instants après, un poisson volant s'élançait des flots, décrivant une lumineuse parabole ; le malheureux avait-il aperçu le monstre marin et cherchait-il à l'éviter en se précipitant dans l'espace? Toujours est-il que le requin donna un coup de sa puissante queue, qui battit l'eau comme un aviron ; j'entrevis la peau blanche de son ventre, et le poisson, en retombant, sembla s'engouffrer de lui-même dans la gueule du monstre. Un frisson involontaire me saisit, à la réflexion que je fis qu'un homme tombant à la mer eût subi le sort du brillant poisson aux reflets phosphorescents. Sur combien de victimes de toutes espèces les flots indifférents ne se referment-ils pas? Que de secrets inviolables contiennent ces profondeurs infinies, et que l'homme se trouve peu de chose en face des éléments, qu'il domine cependant jusqu'à un certain point de son intelligence et de son génie!

Le 28 juin, à six heures du matin, nous arrivions en rade de Saint-Louis. La *Sarthe* stoppa en face de l'embouchure du Sénégal, sous un soleil accablant. Le commandant du *Magicien* se rendit à notre bord afin d'y prendre les passagers et les marchandises à destination de Saint-Louis. Notre bâtiment était chargé de poudres, d'armes et de pièces de matériel de chemin de fer. De la rade, où nous étions à l'ancre, nous n'apercevions que quelques cases de nègres, groupées au bord de la mer. Derrière un rideau d'arbres nous entrevoyions quelques-unes des constructions de Saint-Louis, se détachant en blanc sur le fond vert des bananiers.

Nous demeurâmes en rade durant huit jours, nous ennuyant fort de cette inaction forcée. Chacun cherchait à tuer le temps comme il pouvait. La chaleur torride de ces climats accable généralement les Européens et leur ôte une grande partie de leur énergie. M... restait couché environ vingt heures sur vingt-quatre; mon frère montait de la batterie sur le pont et du pont redescendait dans la batterie, où l'on pouvait faire à l'aise une promenade à l'ombre ; moi qui, jusque-là, ne souffrais pas trop de la chaleur, je demeurais la plus grande partie du jour et de la nuit sur le pont, regardant les matelots procéder au déchargement des poudres, grimper dans les cordages, faire l'exercice, nettoyer le pont, etc. D'autres fois on s'amusait à jeter des lignes à la mer : on prenait des quantités de poisson. Des bandes de requins tournaient autour du bâtiment, happant gloutonnement tous les débris que l'on jetait par-dessus le bord : vieux cordages, vieux souliers, os décharnés, chapeaux défoncés, tout leur est bon.

Le 3 juillet, le *Richelieu* passa près de nous, ramenant en France le reste de la colonne qui, sous les ordres du colonel Borgnis-Desbordes, avait exploré le haut Sénégal et le haut Niger. Le commandant Belot, de la *Sarthe*, fit monter tout l'équipage dans la mâture afin de saluer les glorieux débris qui revenaient des meurtrières contrées du haut fleuve. Tous les officiers se découvrirent, tandis que les matelots criaient : « Hourra ! Vive la République ! »

Les requins continuaient à tourner autour du navire ; les officiers s'amusèrent à jeter à la mer une forte ligne appâtée d'un morceau de lard. Un quart d'heure après, la tension de la ligne nous annonçait que le poisson avait, comme on dit, mordu à l'hameçon. Vingt bras aussitôt halèrent sur la corde, et nous amenâmes sur le pont un superbe squale de trois mètres de long. Tout l'équipage s'assembla autour, tandis que la terrible bête agitait sa queue dans des convulsions formidables, menaçant de renverser tout imprudent qui se serait approché de lui. Lorsque les officiers et les passagers eurent suffisamment examiné l'animal, les matelots, tirant sur la corde, lui firent dégringoler l'escalier de la dunette et le traînèrent sur le gaillard d'avant, où l'aide-major se disposait à le disséquer.

Quelques heures après notre pêche au requin, le commissaire du bord tua un oiseau qui était sur une vergue ; l'oiseau tomba à la mer. Aussitôt deux noirs sautèrent à l'eau, sans se soucier des requins qui pullulent dans ces parages. Il faut dire que tout nègre qui se baigne a sur lui des amulettes ou *gris-gris* qui doivent le préserver des requins ; ces gris-gris sont, la plupart du temps, des morceaux de cuir qu'ils portent au bras, au cou ou à la ceinture. Si le requin, peu soucieux du gris-gris, mange le nègre, ne croyez pas que la foi des survivants en soit ébranlée : c'est tout simplement que le gris-gris du nègre mangé n'était pas le vrai, le bon gris-gris préservant des requins; car il y a des gris-gris pour ou plutôt contre toutes espèces de choses : contre la piqûre des serpents, contre les maléfices des sorciers, contre les maladies, contre tout enfin. Aussi vous voyez les noirs chamarrés de petits morceaux de cuir, de ferraille, de chiffon ou de verroterie, qu'ils vénèrent comme des reliques, jusqu'au moment où ils s'aperçoivent que le préservatif ne préserve de rien du tout. Alors on brûle ou l'on jette le gris-gris incriminé, et l'on en reprend un autre garanti, par le sorcier qui les fabrique, de qualité supérieure.

Enfin, le 5 juillet, à quatre heures de l'après-midi, nous levions l'ancre et nous partions pour Dakar, où nous devions quitter la *Sarthe*. Nous y arrivâmes le lendemain vendredi, 6 juillet, et je dois avouer que ce fut avec plaisir que nous nous sentîmes sur la terre ferme après vingt-trois jours de navigation. Nous descendîmes à l'hôtel, afin d'y attendre l'arrivée d'un des petits navires côtiers qui font le service entre Saint-Louis et Dakar.

II

La ville de Dakar, si l'on peut nommer ville quelques maisons disséminées sur le bord de la mer, est appelée à prendre une certaine importance, lorsque le chemin de fer qui doit la relier à Saint-Louis sera terminé. Sa situation est très agréable, et le climat y est relativement moins chaud et plus sain qu'à Saint-Louis, quoique le voisinage des marigots y provoque souvent des fièvres, notamment en septembre et octobre. Aussi presque tout le commerce et le personnel administratif se réfugient-ils dans l'île de Gorée, située en face de Dakar, à quelques portées de fusil. Tous les paquebots allant de France au Brésil, et *vice versa,* s'arrêtent à Dakar, soit pour prendre, soit pour laisser les passagers et marchandises à destination de Saint-Louis, où la barre, souvent très mauvaise, empêche les navires d'un fort tirant d'eau d'aborder.

Comme monuments, nous ne remarquâmes à Dakar que l'hôtel de ville, très agréablement situé, sur une place plantée de ces magnifiques arbres des contrées tropicales au riche feuillage d'un vert intense, se prolongeant en une avenue ombreuse descendant vers la mer. Un peu à l'écart de la ville est une splendide promenade, qui semble taillée en pleine forêt vierge, où serpentent de frais ruisseaux qui font de ce lieu une oasis délicieuse d'ombre et de fraîcheur. Il est à regretter que, ainsi que dans tous les paradis terrestres, le serpent se glisse trop souvent sous les vertes pelouses moussues.

Un certain jour, nous en aperçûmes un, dont la tête aux yeux émerillonnés émergeait d'un trou s'ouvrant à quelques pouces du ruban argenté d'un ruisseau coulant paisiblement entre deux marges d'émeraude. Je cherchai inutilement à ma ceinture le revolver que j'y portais habituellement ; j'aurais eu grand plaisir, je l'avoue, à faire une cible de cette tête, dont la hideur repoussante me causait un involontaire frisson, qu'aucune autre bête féroce ne m'a jamais fait éprouver. Malheureusement, je n'avais aucune arme sur moi, et lorsque je revins, après avoir coupé une forte baguette à un arbre, le serpent avait disparu. Je ne sais à quelle espèce il appartenait, puisque nous ne pûmes que l'apercevoir ; mais, d'après la grosseur de sa tête, il devait être d'un volume fort respectable, et la rencontre de pareils flâneurs dans un jardin public n'a, en vérité, rien d'attrayant. Il est vrai de dire que le jardin public de Dakar n'est pas très fréquenté; en fait de blancs, on n'y rencontre que quelques soldats de la garnison ou quelque employé de la douane. Quant aux noirs, mâles et femelles,

Dakar.

grands ou petits, qui grouillent un peu partout, la rencontre d'un reptile n'a pour eux rien d'insolite ni d'effrayant.

Afin de tuer le temps de notre attente, j'allais à la chasse autour de la ville. Mes compagnons, n'ayant aucun goût pour ce plaisir qui m'a toujours passionné, et d'ailleurs accablés par la chaleur, que ma nature nerveuse me faisait mieux supporter qu'eux, restaient dans leur chambre à faire une sieste prolongée. Lorsque je sortais avec mon fusil, tous les petits négrillons que je rencontrais sur mon passage me demandaient, par un geste expressif, à m'accompagner ; n'ayant pas de chien pour faire lever et rapporter le gibier, j'emmenais un ou deux de ces négrillons, qui sautaient de joie et frappaient des mains en se voyant choisis parmi la troupe qui implorait en masse la même faveur. Mes amis de France auraient bien ri en me voyant entouré de cette noire meute de bipèdes, attendant avec anxiété que je fisse un geste qui leur permît de me suivre. J'en choisissais deux : l'un prenait aussitôt mon fusil, l'autre ma gibecière, jusqu'à ce que je fusse en chasse.

Je m'enfonçais alors dans les broussailles, d'où s'échappaient des volées d'oiseaux multicolores ; une espèce de tourterelle bleue, presque pareille à la nôtre, y pullule ; les noirs couraient, à chaque coup de fusil, ramasser le gibier en gambadant de joie. Ce fut à Dakar, sur le bord d'un marigot, que j'aperçus pour la première fois l'aigrette aux plumes blanches et fines si appréciées. Je tirai un jour un oiseau gros comme une perdrix rouge, dont le plumage m'avait séduit : examen fait de la victime, je reconnus que je n'avais affaire qu'à une espèce de pie ; elle avait le dos d'un rouge brique, la tête brune et le corps blanc comme les nôtres.

Un soir, après plusieurs heures de chasse par une

chaleur stupéfiante, voyant que le soleil baissait à l'horizon, je jugeai qu'il était temps de penser au retour; car la nuit vient presque soudainement dans les contrées intertropicales, et il ne fait pas bon être seul dans les bois quand on n'est pas équipé en conséquence. J'allongeais donc le pas en pointant dans une direction que je croyais être la bonne; le seul noir que j'eusse emmené avec moi ce jour-là, me suivait à distance respectueuse, comme ils font tous sans qu'on le leur dise, portant mon gibier sur son épaule et ne prononçant pas une parole. Je marchais déjà depuis un certain temps, m'étonnant de ne pas me reconnaître, lorsque je débouchai dans un sentier assez large : le soleil y dardait des rayons obliques qui, sur la marge, faisaient étinceler quelque chose; je regardai avec plus d'attention et je m'arrêtai soudain : un serpent enroulé se chauffait tranquillement à la chaleur du soleil couchant. Mon temps d'arrêt avait permis au noir de me rejoindre, et je lui désignai le reptile.

« Oui, oui, serpent! » fit-il paisiblement.

L'animal, réveillé par le bruit, dressa vers nous sa tête plate, de chaque côté de laquelle s'étalait une membrane faisant l'effet d'une large oreille, puis il commença à dérouler ses anneaux. Je crois avoir dit déjà que les reptiles me causaient une impression d'invincible répulsion; je manquai de présence d'esprit, et ne lui envoyai mon coup de fusil que lorsqu'il avait déjà fait une mouvement de retraite; je vis son corps frissonner et s'allonger subitement, mais, bien que je sois certain de l'avoir touché, il n'en disparut pas moins sous les broussailles. Il mesurait pour le moins trois mètres de long et pouvait avoir dans la partie la plus grosse de son corps quinze à vingt centimètres de circonférence.

Je me tournai vers mon nègre, qui, ainsi que moi, avait regardé la bête nous brûler la politesse, et lui désignant le soleil prêt à se coucher :

« Allons! vite à Dakar, » lui dis-je en enfilant le sentier.

Il me retint par le pan de ma veste.

« Dakar? fit-il; non, non; » et du doigt il me montra la direction opposée à celle que je prétendais suivre.

Je me mis à rire : depuis trois quarts d'heure je tournais le dos à la ville sans m'en douter, et, bien certainement, sans l'incident du serpent, j'aurais continué ma route, m'éloignant toujours à grands pas de notre gîte, sans que le noir se permît une observation. Une nuit dans les bois n'a rien en soi de bien effrayant, il est vrai, pour un chasseur; mais on évite autant que possible, en Afrique, de passer les nuits à la belle étoile; car, outre le danger des bêtes sauvages, panthères, hyènes, chacals, chats-

Gorée.

tigres, etc., on a encore et surtout à craindre les rayons pernicieux de la lune et les exhalaisons pestilentielles des marigots où grouille toute une population d'animaux malfaisants. Naturellement, je n'avais rien avec moi de ce qu'il fallait pour établir un campement ; rien que mon briquet, qui m'aurait toujours permis d'allumer du feu.

Riant de ma mésaventure, je suivis mon noir, que je fis passer en avant pour me servir de guide, et ce ne fut qu'à la nuit toute noire que je rentrai à l'hôtel, où mes compagnons commençaient à trouver que mon absence se prolongeait beaucoup.

« Pardieu ! me dit mon frère en me voyant rentrer, nous croyions que tu étais parti à la chasse à l'hippopotame.

— En fait d'amphibie, dis-je, je n'ai tué qu'un crabe monstrueux, que nous avons rencontré trop loin de ses pénates pour qu'il pût regagner la mer à notre approche.

— Voyons !

— Ma foi ! je n'ai pu le rapporter : je l'ai tiré de trop près et j'en ai fait une marmelade. »

En effet, en revenant, nous avions fait la rencontre d'un crabe de dimensions énormes ; c'est le plus gros que j'aie jamais vu parmi ceux qui pullulent sur les rives africaines ; mécontent de mon échec contre le serpent, j'avais envoyé mon dernier coup de fusil à la pauvre bête ; le noir s'était précipité, selon son habitude, pour ramasser la victime; mais il s'était mis à rire aux éclats et à faire de grands gestes de désolation, en me montrant les membres épars du crabe réduit en marmelade.

III

Le 15 juillet, à minuit, nous nous embarquâmes sur le *Dakar* pour nous rendre à Saint-Louis. La traversée n'est que de douze heures; mais le pont était encombré de noirs, hommes, femmes et enfants, et ce court voyage ne nous sembla rien moins qu'agréable. Nous étions dévorés par des moustiques et entourés de nègres souffrant du mal de mer, ce qui n'ajoutait pas à l'agrément de la traversée; aussi, lorsque nous arrivâmes en rade de Saint-Louis, rien ne put nous faire différer notre débarquement.

La barre que forme le Sénégal, en venant se jeter dans l'Océan, était fort mauvaise à ce moment, et notre petit vapeur, *le Dakar,* ne pouvait la franchir. Il mit en panne et fut aussitôt entouré d'une quantité de pirogues montées par de hardis rameurs noirs. Il arrive souvent que les navires sont obligés d'attendre plusieurs jours avant de pouvoir franchir la barre et d'aborder à Saint-Louis. Les noirs viennent alors débarquer les passagers qui ne craignent pas de braver les lames dans leurs pirogues.

Adrien et moi, nous étions trop ennuyés de nos compagnons de route, pour consentir à courir la chance de rester un ou deux jours à bord. Étant tous deux fort bons nageurs, nous nous inquiétions fort peu d'un bain forcé. M... refusa de nous suivre, préférant attendre que la barre devînt meilleure et permît au *Dakar* de venir à quai. Nous fîmes donc signe à quatre beaux noirs qui montaient une pirogue, et nous nous embarquâmes avec eux; le capitaine fit placer les dépêches au fond de la frêle embarcation, et vogue la galère! Les lames déferlaient à la hauteur d'un premier étage, et notre pirogue dansait comme une coquille de noix; nos noirs ramaient comme des enragés et, voulant éviter le long détour que faisaient les autres canots pour tourner les brisants, se lancèrent à corps perdu au milieu des vagues tourmentées et couvertes d'écume; nous vîmes l'instant où notre pirogue allait être engloutie sous une lame plus forte que les autres, qui s'élevait comme un mur humide à une prodigieuse hauteur. Mon frère et moi, voyant le danger, criâmes aux noirs de forcer de rames à tribord... Grâce à cette manœuvre, notre pirogue pirouetta sur elle-même, de sorte que la lame ne nous atteignit qu'à l'arrière, au lieu de nous prendre en flanc, ce qui nous aurait fait chavirer infailliblement. Nous fûmes complètement inondés, et la pirogue se trouva à moitié pleine de l'eau qu'elle avait embarquée;

mais le brisant était franchi, et nous l'avions échappé belle. Le second brisant offrit moins de difficultés; nos rameurs se pressèrent moins et surent mieux calculer leurs efforts, de manière à les mettre d'ac-

Saint-Louis.

cord avec les mouvements des lames furieuses; et bientôt ils nous déposaient sains et saufs, mais trempés d'importance, sur le quai de Saint-Louis, tout fiers de leur tour de force et d'être arrivés bons premiers sur les autres pirogues.

Le soir, la barre s'adoucit, et M... débarqua tranquillement et vint nous rejoindre à l'hôtel Richard, au moment où nous allions nous mettre à table.

« Eh bien ! nous dit-il en riant, votre empressement vous a bien avancés : vous avez failli chavirer, vous avez dû être trempés comme des marsouins, et tout cela pour arriver quatre ou cinq heures plus tôt !

— Et les émotions, mon cher, les comptez-vous pour rien ? Notre débarquement a eu une allure pittoresque et pleine de péripéties que n'a pas, croyez-le, votre arrivée tranquille et prosaïque.

— Prosaïque tant que vous voudrez, mais j'aime mieux ma prose que votre pittoresque. Nous vous voyions du pont du *Dakar*, et du diable si nous ne vous considérions pas comme perdus. Votre coquille de noix dansait sur les lames comme une balle de caoutchouc ! »

Je ne ferai pas ici la description de Saint-Louis ; je parlerai seulement des quartiers des noirs, que j'ai visités plusieurs fois avec attention et intérêt. Les mœurs, les coutumes, les habitudes de cette population, se sont conservées presque intactes, malgré la fréquentation des blancs. Sauf quelques rares exceptions, les noirs s'identifient fort peu avec nous, c'est-à-dire que, le travail fini, — pour ceux qui travaillent, — ils retournent chez eux, dans leur quartier, dans leur case, et, après s'être frottés à notre civilisation, redeviennent le sauvage, l'enfant, le barbare qu'ils étaient avant l'occupation des blancs.

Bien des choses ont été faites, sans doute, pour cette colonie, mais combien de choses encore restent à faire ! L'honorable général Faidherbe, qui occupa le siège du gouvernement durant plusieurs années, est un de ceux dont le Sénégal garde le souvenir le plus reconnaissant ; il a amélioré, assaini, nettoyé, civilisé dans la mesure du possible ; c'est à lui que l'on doit le pont de bateaux qui porte son nom et qui relie Saint-Louis avec le village nègre de Guet N'Dar, situé sur une pointe de terre, à l'embouchure du Sénégal. Chacun peut savoir, en effet, que Saint-Louis est bâti sur une île formée par une bifurcation du fleuve à son embouchure même.

Notre projet était de remonter le Sénégal tout au moins jusqu'à Kayes, où le colonel Borgnis-Desbordes a établi le centre provisoire des travaux du chemin de fer du haut fleuve, devant relier le Sénégal au Niger. Grandiose projet, mais aboutira-t-il ? Bien que chacun à Saint-Louis nous parlât de l'insalubrité notoire de ces pays presque sauvages, nous étions cependant résolus à en essayer nous-mêmes ; car la navigation fluviale, facile à cette époque d'hivernage, nous permettait de nous avancer à l'intérieur avec bien moins de temps et de fatigue que par toute autre voie. Mon but particulier était d'aller chasser l'autruche et l'hippopotame dans les contrées inexplorées du haut Sénégal. Il nous fallait donc attendre à Saint-Louis le départ d'un remorqueur se rendant dans le haut fleuve, et ils sont peu communs à cette époque de l'année, où la saison des pluies engendre une recrudescence dans les fièvres, déjà si pernicieuses, qui sévissent sur les rives du Sénégal. Nous profitions donc de nos loisirs forcés pour observer les us et coutumes de cette population noire dont j'ai parlé plus haut.

De l'autre côté du pont Faidherbe se trouve une importante agglomération de cases; c'est ce qu'on appelle le village de Guet N'Dar. C'est là qu'habitent presque tous les noirs de Saint-Louis, sauf ceux qui ont des emplois dans la ville; et encore beaucoup de ceux-ci rentrent-ils le soir au village, après la journée faite. Ces cases sont disposées par petits groupes entourés d'une clôture de paille de mil ou de maïs, formant une sorte de cour autour des huttes et, par suite, un nombre incalculable de rues et ruelles, fort propres, ma foi. Il est vrai que le voisinage de la mer permet aux habitants de se débarrasser sans peine de tous les débris et immondices.

La plus grande partie de la journée se passe pour le noir à dormir à l'ombre de la clôture de sa case. Le soir venu, les habitants mâles et femelles se réunissent soit sur le bord de la mer, soit à un carrefour, et organisent un *tam-tam*. Les hommes se couchent sur le sol et fument leur pipe ; les femmes s'accroupissent en cercle ; trois ou quatre musiciens (quels musiciens !) manœuvrent l'instrument qui donne le nom au divertissement, le tam-tam, morceau de bois creusé recouvert d'une peau tendue, sur laquelle ils frappent avec une baguette, tandis que l'autre main, par une espèce de frottement des doigts, produit l'effet du ronflement d'un tambour de basque. Puis, un ou deux acteurs s'élancent dans le cercle et se livrent à des sauts, à des gambades, des grimaces, des tours d'agilité et de souplesse surprenants. Tout le temps que dure la séance, les femmes frappent des mains en cadence, et poussent des cris et des applaudissements aigus à chaque évolution mieux réussie du danseur. J'ai vu là des noirs se livrer durant au moins trois quarts d'heure, à une gymnastique incroyable sans reprendre haleine. Il n'y a pas de saltimbanques sur nos places pour exécuter les sauts, les tours, les contorsions de ces énergumènes à peau noire. Quand l'un se retire enfin exténué, ruisselant de sueur, un autre reprend et cherche à le surpasser, et ainsi de suite jusque vers deux ou trois heures du matin.

Et tous ces diables noirs que vous avez vus le soir se livrer sans contrainte à la fougue de leur tempérament et de leurs penchants sont, dans le jour, de stricts et parfaits croyants, pour la plupart. Dès que le soleil se lève, vous pourrez les contempler prosternés dans la poussière, la face tournée vers l'Orient, et récitant à haute voix leur *salam*, en procédant consciencieusement à leurs ablutions. S'ils s'embarquent sur un bâtiment quelconque, ils oublieront plutôt leur nourriture que le sac contenant le sable destiné à ces ablutions sèches, et quand l'heure de la prière arrive, il n'y a pas de lieu, de société, d'occupation, qui les empêche de s'y livrer et les pousse à l'abréger. Qu'on les regarde, qu'on les plaisante, qu'on les tourne même en ridicule, comme certains imbéciles trouvent spirituel de le faire, peu leur importe. Ils sont absorbés dans la gravité de l'acte qu'ils accomplissent en conscience, et rien ne les en distrait. Je ne les ai même jamais vus avoir l'air de remarquer les railleries dont les susdits imbéciles les accablent parfois. Si on les repousse d'un endroit, ils vont un peu plus loin, mais ils n'abrègent ni d'une phrase ni d'une salutation leur invocation à Allah.

Si vous offrez à ces hommes des spiritueux quelconques ou même du vin, ils le repoussent avec dégoût; j'en ai vu aller rincer avec soin la timbale dans laquelle je venais de boire de l'eau simplement rougie, avant de consentir à s'en servir pour boire de l'eau claire. Aussi méprisent-ils souverainement les noirs qui, à force de se mêler aux blancs, ont pris leurs habitudes d'intempérance, et qu'ils surnomment avec dédain *noirs cognac*.

IV

Le village de Guet N'Dar est administré par un chef qui a le titre de roi, dont la case, plus grande et plus confortable que celles des autres, est située à peu près au centre. C'était alors un bel homme, déjà sur le retour, parlant bien le français et qui semblait très fier de pouvoir dire qu'il était allé à Paris sous le gouvernement du général Faidherbe. Il nous montra, avec un orgueil plein de déférence et d'affection, une montre qu'il reçut en cadeau de cet officier quand il était gouverneur du Sénégal.

Je crois qu'en général les noirs sont fort reconnaissants des bons traitements dont on use avec eux. J'ai eu beau entendre parler de leur duplicité, de leur rapacité, de leur ingratitude, je les ai toujours trouvés avec moi confiants, honnêtes, reconnaissants, affectueux même, à de très rares exceptions près. Il faut dire que — aussi à de très rares exceptions près — j'ai toujours agi avec eux comme avec des hommes de ma classe et de mon espèce, et non comme avec des êtres inférieurs ou des bêtes de somme. Pour moi, tout est là : traitez-les en brutes, ils se conduisent en brutes; traitez-les en hommes, au contraire, ils se conduisent en hommes, surtout s'ils sont bien convaincus de votre supériorité sur eux, supériorité physique, bien entendu. Je dois ici ouvrir une parenthèse pour faire remarquer au lecteur que je suis loin d'être un Hercule, comme il pourrait se le figurer d'après ces deux mots de « supériorité physique ». Loin de là; je suis au contraire de taille moyenne et n'ai aucune des apparences de la force; mais ma nature essentiellement nerveuse me donne une rare vigueur, et je ne connais pas la fatigue; je suis, de plus, adroit à tous les exercices du corps, natation, gymnastique, et surtout habile tireur, qualité qui résume tout pour les peuples primitifs; puis, fort insouciant pour tout ce qui concerne le confort et le soin de ma conservation. Les noirs avec qui j'ai chassé, voyaient fort bien que je n'hésitais pas plus qu'eux, au contraire, à me jeter à l'eau, à m'enfoncer dans un marigot, à pénétrer dans des *brousses* (broussailles) remplies de reptiles, ou à m'exposer au soleil dévorant des tropiques. Ils savaient qu'un gibier visé par moi était un gibier mort; et comme ils sont généralement fort médiocres, pour ne pas dire mauvais tireurs, ils en concevaient un grand respect pour moi, respect qu'une plus longue fréquentation aurait bientôt transformé en affection.

Ici je ferme la parenthèse, en demandant pardon au lecteur de l'avoir si longuement entretenu de ma personne. Revenons à Guet N'Dar.

Je me suis plusieurs fois demandé inutilement comment tous ces noirs subviennent à leurs besoins, bien restreints, il est vrai; mais enfin il faut vivre, si grossière que soit la nourriture, et il y a autour des cases des nuées de négrillons qui doivent avoir bon appétit. Vous voyez pourtant, le dimanche, les hommes se promener majestueusement dans les rues de Saint-Louis, couverts de *boubous* de toutes couleurs ornés de broderies et de piqûres, un grand sabre au côté, sur la garde duquel ils appuient fièrement la main. Lorsqu'ils se rencontrent, s'ils sont de condition égale et qu'ils s'adressent la parole, il est fort drôle de les voir se croiser sans se regarder ni s'arrêter, et se parler sans se retourner l'un l'autre, tout en continuant de marcher en sens inverse, jusqu'à ce que l'éloignement simultané des deux interlocuteurs ne leur permette plus de s'entendre. Si, au contraire, ils font la rencontre d'un personnage important, chef ou muphti, ils s'approchent respectueusement de lui et murmurent quelques paroles, une formule invariable, en lui touchant la poitrine.

La plus grande partie de ces noirs passent leur temps couchés sur une natte à l'ombre de leur case, dans une indicible paresse. Le voisinage de la mer et du Sénégal permettent aussi aux enfants de se livrer à la pêche ; peut-être sont-ce là des ressources, jointes à la culture de quelques champs de mil ou de maïs. Les femmes, là comme chez presque toutes les nations primitives, sont les bêtes de somme du seigneur et maître et subviennent probablement pour une large part à ses besoins.

La plage fourmille de crabes qui dévorent tous les débris qu'on y jette, et de gros et hideux vautours au cou pelé, à l'air hébété, au vol lourd et sinistre, partagent avec eux ces dégoûtants butins. Les noirs ne tuent jamais le vautour, parce qu'il supplée à leur paresse et à leur insouciance en se chargeant des nettoyages. Quand, le soir, nous allions nous baigner sur la plage sablonneuse, nous apercevions dans l'ombre d'innombrables légions de ces crabes noirâtres en mouvement, cherchant leur vie sur le sol tiédi par le soleil du jour. On nous a dit, — déclarons vite que j'ai peine à le croire, — on nous a dit que les crabes dévoreraient en moins d'une nuit un homme qui aurait l'imprudence de rester couché à leur portée ; il est sous-entendu qu'il serait nécessaire que l'homme fût blessé et incapable de se sauver. Le fait est que la quantité de ces crustacés est incalculable, et qu'il semble, le soir, au clair de lune, que la plage tout entière soit en mouvement.

Un jour, en flânant parmi les cases, nous fîmes la rencontre d'un enterrement. Par curiosité, nous nous joignîmes au cortège. Je ne saurais dire l'impression d'horreur que nous causa la vue du cimetière. Les noirs ne creusent les fosses qu'à une profondeur de deux pieds, tout au plus, dans le sable; les cimetières étant situés sur de petits monticules ou dunes auprès de la mer, la première rafale enlève une partie du sable qui recouvre les corps; les chacals, les hyènes et les vautours font le reste. Quantité de cadavres étaient là sur le sol, aux trois quarts déterrés, tandis que les cercueils effondrés, crevassés, à demi béants, des morts riches, semblaient avoir été simplement posés sur le sable. Quelques tombes sont entourées d'un fil de fer soutenu par quatre piquets; une simple branche d'arbre fichée en terre marque la place des défunts. Aucune clôture n'entoure ces horribles nécropoles, qui sont au nombre de quatre ou cinq, s'étalant sur le sommet des dunes exposées au vent de la mer. Pour nous, qui avons à un si haut degré le respect des morts, cette incurie est révoltante; et cependant nous ne faisons pas plus de cérémonies à nos enterrements que les noirs n'en font aux leurs. Les prières, les prosternations, les invocations des funérailles auxquelles nous assistâmes, durèrent bien une grande heure. Et pourtant le noir défunt n'était pas riche, car on n'avait pu lui donner le luxe posthume d'un cercueil. Il était simplement enveloppé dans son *boubou*, selon la coutume.

Poussé par ma passion dominante, la chasse, je sortais souvent de grand matin, mon fusil sur l'épaule, et, passant sur l'une ou l'autre rive du Sénégal, je me mettais à la recherche du gibier. Il est assez rare autour de Saint-Louis, car la campagne y est d'une grande aridité. Les sables s'étendent sur la rive gauche à plusieurs lieues de la mer; ce n'est qu'en remontant le fleuve qu'on rencontre enfin les bois qui lui font une verte bordure et où le gibier trouve un abri sûr. Sur la rive droite, il faut encore aller plus loin, car là commence le désert, le Sahara, territoire jalousement gardé par les Maures, qui n'y souffrent pas d'empiétement. Race fière, guerrière, indépendante, pillarde, farouche, toujours en armes et tombant sur les blancs chaque fois que le petit nombre de ceux-ci lui fait espérer la victoire. Mes camarades me remontraient que je finirais par me faire tuer, ce dont les Maures seraient fort capables, ne fût-ce que pour s'emparer de mes armes; mais je dois dire que je ne remarquai jamais de sentiments hostiles chez ceux que je rencontrai aux alentours de Saint-Louis, dans un rayon de trois ou quatre lieues; plus loin, il n'en eût plus été de même, fort probablement.

Dans une de mes premières courses cynégétiques, j'avais pris avec moi, pour me servir tout à la fois de guide, d'interprète et de rabatteur, un jeune nègre qu'on essayait d'employer à l'hôtel. C'était un de ces noirs dont j'ai parlé plus haut, que les vrais croyants désignent avec mépris sous le sobriquet de *noirs cognac*; il était de Gorée, où il avait été à l'école, je crois, et m'avait tout l'air de n'avoir pris que les défauts de la civilisation; menteur, paresseux, gourmand, vagabond, on ne savait à quoi il était

Aigrette.

propre. Dès qu'il avait mangé le matin, au lieu d'aider les autres domestiques noirs dans les travaux de l'hôtel, il disparaissait, et l'on ne le revoyait plus que le soir, quand la faim, probablement, le ramenait au gîte. En vain lui administrait-on de maîtresses volées; il hurlait à ameuter tout un quartier, et recommençait de plus belle, si bien que le maître d'hôtel, à qui il avait été adressé par un correspondant, désespérant d'en faire jamais rien qui vaille, dut le renvoyer à Gorée.

Je m'étais cependant laissé convaincre de l'emmener avec moi; il ne manquait pas d'intelligence et pouvait m'être utile dans mes pérégrinations aux environs. Nous partîmes donc un beau matin, un peu avant le jour, et nous nous dirigeâmes vers les rives du Sénégal. J'avais un grand désir de chasser l'aigrette, qui y abonde à certaines époques de l'année. Le long de mon chemin, au lever du soleil, je tirai différents oiseaux, que mon moricaud courait ramasser avec des gambades joyeuses; plusieurs fois je dus mettre un frein à ses ébats, qui effarouchaient le gibier et le faisaient partir hors portée. Enfin, nous arrivâmes sur le bord d'un marigot aux eaux croupissantes et bleuâtres, de ces eaux pestilentielles que le terrain au fond argileux refuse d'absorber et dont les miasmes putrides sèment la fièvre. Au loin, perchée sur une éminence, apparaissait une superbe aigrette; mais elle était hors de portée. Avisant à quelques mètres du bord du marigot une espèce de chaussée solide, formée par un renflement de terrain, je fis approcher le moricaud et lui ordonnai de me prendre sur son dos, afin de franchir la courte distance qui nous séparait de cette chaussée naturelle. Ce n'était pas que je redoutasse pour moi-même de me mettre à l'eau; je craignais seulement de mouiller mon fusil et mes munitions. Il me sembla remarquer que mon noir mettait peu d'empressement à obéir : soit qu'il fût vexé des admonestations que j'avais dû lui donner, soit tout autre cause, que je ne cherchai naturellement pas à approfondir; pourtant je me tins sur mes gardes, et bien m'en prit, car, au beau milieu du passage, il se laissa choir à plat ventre dans l'eau bourbeuse. Je tombai fort heureusement sur mes pieds, et mon fusil, que j'avais mis en bandoulière, ne fut pas mouillé; l'eau, moins profonde que je ne le craignais, ne me montait que jusqu'au haut des cuisses et épargna ma cartouchière. J'en fus quitte pour un bain de vase; mais j'avoue ici qu'en dépit de mes principes humanitaires, je fus saisi d'une furieuse envie de rosser mon Bucéphale d'occasion : tant il est vrai que la colère vous fait oublier vos plus louables résolutions. Cependant, après un premier mouvement d'irritation, je finis par rire de la mine piteuse de mon noir, qui, semblable à un triton, s'était relevé couvert d'une vase verdâtre, et qui protestait avec force serments qu'il ne l'avait pas fait exprès, qu'il avait glissé, etc. Quant à moi, j'en eus bien vite pris mon parti, et, comme tout cela s'était passé en quelques secondes, je me tirai du cloaque et, une fois sur le terrain solide, je pus approcher à portée de mon aigrette, à laquelle j'envoyai mon coup de fusil; elle tomba, et mon noir, désireux de se faire pardonner son espièglerie, se précipita, faisant l'office du chien que je n'avais pas. La chasse se continua ainsi jusque vers neuf heures, où nous reprîmes le chemin de Saint-Louis. Mon moricaud faisait le joli cœur, craignant sans doute mon rapport, qui lui eût fait administrer une volée, ou voulant me faire oublier sa maladresse, — que je croirai toujours volontaire, — afin de se faire emmener encore; mais ce fut peine perdue pour lui; et si je voulus bien garder le silence sur mon aventure, je ne poussai cependant pas la magnanimité jusqu'à l'oubli, et j'eus soin, à l'avenir, de me priver de sa compagnie. Ce fut, d'ailleurs, peu de jours après que, lassé de ses fredaines, le maître de l'hôtel le renvoya d'où il venait.

Le lendemain, en partant pour ma promenade matinale, un jeune noir s'offrit à porter mon fusil. Gagné par sa figure douce et intelligente, je cédai à son désir et n'eus pas à m'en repentir : ce n'était plus là mon moricaud de Gorée. Il me raconta, chemin faisant, qu'il avait été au service d'un officier français qui était retourné en France depuis quelque temps. A partir de ce jour, j'étais sûr de le rencontrer tous les matins à quelques pas de l'hôtel, prêt à me suivre si j'allais à la chasse; il prenait aussitôt mon fusil et se tenait à quelques pas derrière moi, comme font d'ailleurs tous les noirs, habitués de temps immémorial au respect des blancs, et charmé quand je lui adressais la parole; il parlait mal le français, mais il savait plusieurs dialectes indigènes et me servait d'interprète auprès des naturels que je rencontrais sur ma route. Je m'informais auprès d'eux des différents endroits où gîtait tel ou tel gibier, lièvres, perdrix, pintades, poules de pharaon, etc. Quant aux bêtes féroces, il faut aller à dix ou douze lieues de Saint-Louis pour les rencontrer, sauf les hyènes et les chacals, qui abondent dans les environs mêmes et qui remplacent nos renards et nos fouines.

Un jour nous rencontrâmes un troupeau de chameaux paissant sur le bord du Sénégal; il était sous la garde d'un Maure déguenillé, aux longs cheveux en broussaille, tombant tout autour de la figure la plus sauvage et la plus farouche que j'aie jamais vue; nous venions, mon noir et moi, de parcourir plusieurs kilomètres de sables arides où l'on enfonçait jusqu'à mi-jambe et où je n'avais pas eu occasion de tirer un coup de fusil. Je m'approchai du chamelier et lui demandai s'il avait vu du gibier en gardant ses bêtes; ce fut comme si j'avais adressé la parole à un de ses chameaux, et encore ceux-ci eussent-ils tout au moins agité les oreilles au son de ma voix. Le noir, sur mon ordre, lui fit la même question en ouolof, puis en malinkais, puis par signes : toujours même immobilité du berger. A la fin, il fit un grand geste de sa main droite armée d'un gourdin et poussa une sorte de grognement semblable au rauquement du lion.

« Le chien prévient ses pareils ! » dis-je à mon noir.

Celui-ci parut être du même avis que moi, et réellement notre chamelier avait la mine la plus pendable qu'on puisse souhaiter à un bandit de grand chemin; ce qui me rassurait, c'est qu'il n'avait pas de fusil, à moins que son arme ne fût cachée dans quelque broussaille. Il y a quantité d'oiseaux de proie de l'espèce de ce citoyen peu accort qui hantent les bords de l'Atlantique pour piller les navires que les tempêtes y font échouer, ou l'intérieur du Sahara pour harceler les caravanes peu nombreuses ou mal armées.

Au moment où mon chamelier venait de pousser son glapissement, qui pouvait être un cri de ralliement, un oiseau s'envola dans les airs : j'épaulai aussitôt mon fusil et fis feu sur la pauvre bestiole, qui tomba. Je n'avais nul besoin de cet oiseau, qui était un guêpier et qui n'est pas bon à manger ; mais j'avais voulu faire voir à mon sauvage que, si l'on venait m'attaquer, on trouverait à qui parler, et que je saurais parfaitement loger une balle dans la tête d'un Maure. J'affectai en même temps, après avoir glissé une cartouche dans le canon vide de mon fusil à deux coups, de m'assurer si les six coups de mon revolver étaient bien chargés. Fut-ce la certitude que j'étais bien armé et que je savais me servir de mes armes, ou simplement qu'il n'avait pas d'intentions hostiles? toujours est-il que notre chamelier poussa un second hurlement, qui pouvait être pris à la rigueur pour une exclamation de surprise à la vue de la longue portée et de la justesse de mon coup de fusil, et qu'il reprit sa pose nonchalante et indifférente. Nous poursuivîmes notre route tout en ayant l'œil au guet; mais rien d'insolite ne vint justifier nos précautions, et je rentrai tranquillement déjeuner quelques heures après cette vilaine rencontre.

V

Enfin nous fûmes informés qu'un navire devait remonter le Sénégal, afin d'aller jusqu'à Kayes, dans le haut fleuve, porter des approvisionnements destinés au personnel nombreux que l'on devait y envoyer après l'hivernage. Nous fîmes aussitôt nos dispositions, M... et moi, pour être prêts à embarquer au premier signal. Quant à mon frère, il ne devait venir nous rejoindre que plus tard, des affaires particulières le rappelant momentanément en France.

Le 8 août 1883, le *Tamsit* quittait à six heures du soir le quai de Saint-Louis et allait mouiller à deux cents mètres plus haut, afin d'être prêt à se mettre en route le lendemain au point du jour. Ce paquebot appartenait à une maison faisant un commerce colossal avec les populations riveraines du Sénégal, et approvisionnait, en échange, de marchandises européennes une innombrable quantité de traitants ou marchands indigènes se répandant ensuite dans les tribus de l'intérieur, où ils troquent leurs marchandises : calicots, guinées, miroirs, couteaux, flacons d'odeurs, etc., oui, flacons d'odeurs! Les noirs en sont même très avides, surtout si les petites bou-

Types du haut Sénégal.

teilles renfermant ces odeurs sont de forme extravagante et enjolivées d'images et de rubans. J'ai vu bien des noirs acheter des flacons « d'essences pour le mouchoir », eux qui ignorent même l'usage du mouchoir; « d'huile antique pour lisser les cheveux », eux qui n'ont que de la laine sur la tête; de « vinaigre de toilette », eux qui, pour toute toilette, ont pour habitude de se jeter à l'eau comme des caïmans et de s'entre-frotter de sable. Ce qu'ils font de ces parfums a toujours été un mystère pour moi ; car, bien que l'on sente un nègre à dix pas, je réponds que l'odeur qu'ils exhalent n'est ni la rose, ni le jasmin, ni l'héliotrope. Pourtant, j'ai vu souvent à Saint-Louis et à Guet N'Dar des femmes procéder entre elles à leur coiffure; celles de nos coquettes Européennes ne sont rien en comparaison. Les femmes noires de Saint-Louis divisent communément leurs cheveux, ou plutôt leur laine, en une innombrable quantité de petites boucles formées de quelques brins de cette laine, qu'elles roulent et collent sur de minces fétus de paille de mil ou de jonc ; le reste de la tête est rasé, suivant la tribu ou la race, de façons tout à fait fantaisistes : tantôt une large raie de deux doigts de largeur divise les cheveux depuis le front jusqu'à la nuque; tantôt, au contraire, une espèce de cimier se dresse sur le sommet, semblable à une chenille de pompier, tandis que les tempes sont rasées de chaque côté; d'autres fois ce sont des zigzags qui donnent à ces têtes laineuses et communément laides des expressions bizarres et fantastiques. Elles ont une patience et une adresse extraordinaires pour se raser ainsi, car elles ne se servent communément pour cela que d'un tesson de verre ramassé dans un tas d'ordures, ou de leur couteau.

Ajoutez à ces coiffures des pièces de monnaie d'argent ou d'or dans la chevelure, des boucles d'oreilles innombrables, non seulement au lobe de l'oreille, mais tout autour de ce malheureux appendice auditif, et vous devez vous faire une idée de l'appareil bizarre d'une tête de négresse dans ses beaux atours. Si pauvre que soit une négresse, elle possède toujours des colliers et des bracelets ; les riches les ont en or ou en argent ouvragé; les pauvres, en corail ou en verroteries; quelques-unes n'ont qu'un mince fil de perles; mais il est excessivement rare d'en voir sans aucun de ces ornements au cou, aux bras et aux jambes. Quant au reste du costume, peu importe; là ne gît pas la coquetterie. La première guenille venue, si courte soit-elle, leur suffit parfaitement. J'en ai vu avoir sur la tête, au cou, aux jambes, des ornements d'or de Galam d'une grande valeur, et n'être habillées que d'un pagne effiloqué qui n'était plus bon que pour la hotte d'un chiffonnier. A l'hôtel de Saint-Louis, nous étions servis à table par une jeune négresse de la tribu des Toucouleurs, Binntah, comme elle se nommait; elle avait toujours une coiffure très soignée, mais elle était pieds et jambes nus et n'avait d'autres vêtements qu'un pagne lui descendant à peine aux genoux et un lambeau d'étoffe lui couvrant imparfaitement le buste. Ce pagne est simplement roulé autour de leur taille, et une des grandes occupations de la vie d'une négresse est de le rattacher autour d'elle.

Les femmes ne se coiffent jamais seules; elles se rendent mutuellement ce service, qui leur demande des heures de patience. Hâtons-nous d'ajouter qu'une coiffure bien réussie dure cinq à six semaines et même davantage.

Notre paquebot était un des plus forts qui eût jamais remonté le Sénégal, dont les eaux, très hautes à cette époque, étaient assez profondes pour sa calaison. Cinq bâtiments étaient remorqués par sa puissante machine : deux fines et jolies goélettes chargées de riz pour les postes, et trois lourds chalands chargés de charbon pour Bakel. Le 8 août au soir, toute cette flottille fut amarrée aux flancs et à l'arrière du *Tamsit,* et le 9, au lever du soleil, nous partions définitivement pour nous lancer dans la vie d'aventures et d'inconnu après laquelle j'aspirais depuis notre départ de France.

Le Sénégal, alors dans la plus grande hauteur de ses eaux, s'étendait à droite et à gauche en d'immenses plaines liquides, submergeant ses berges naturelles; autour de Saint-Louis les terrains sont bas et peu accidentés, et il arrive fréquemment, à la saison de l'hivernage, que les chalands perdent le lit du fleuve et s'égarent au milieu des marigots. Aussi la navigation fluviale est-elle fort difficile et exige-t-elle beaucoup de précautions; c'est pourquoi notre paquebot, d'ailleurs outrageusement chargé, ne marchait pas la nuit et mouillait tous les soirs; ainsi l'exigeait le pilote noir que nous avions à bord. Cette manière de faire devait fort prolonger notre voyage, et nous ne comptions pas moins de dix-huit

Peul.

à vingt jours pour franchir les mille à onze cents kilomètres qui séparent Kayes de Saint-Louis. Cependant, si long que cela parût, nous étions heureux de pouvoir profiter de ce paquebot, car ce n'était guère qu'à cette époque de l'année qu'il pouvait nous transporter jusqu'à Kayes; plus tôt, ou seulement quelques semaines plus tard, quand l'hivernage tire à sa fin, les eaux baissent, et il nous eût fallu faire une partie du chemin, sinon à pied, tout au moins dans de mauvais bateaux ou chalands que l'équipage noir est souvent obligé de diriger à la perche ou à la cordelle, halant sur les berges escarpées que les nombreux détours, les accidents de terrains, les bouquets de bois, les forêts, forcent souvent d'abandonner. Très fréquemment on rencontre, le long du fleuve, de petites flottilles de chalands ou de zampans amarrés dans une anse et attendant qu'un vent favorable vienne leur permettre de reprendre leur course et de remonter le courant. Les noirs équipages établissent un campement sur la rive et vivent là tranquillement de pêche ou de chasse. De tous les différents membres de l'espèce humaine, j'ai toujours remarqué que les mariniers d'eau douce étaient les êtres pour qui le temps semblait le moins cher; que n'est-ce donc pas pour des matelots noirs, puisque le temps n'existe pas pour toute la race nègre en général? Je crois, Dieu me pardonne, que lorsqu'il n'y a pas un blanc à bord pour les stimuler, ils attendraient patiemment un bon vent d'une saison à l'autre.

Nous avions à bord une quarantaine de noirs qu'on rapatriait, et qui emmenaient avec eux un ou deux griots ou bardes. Ces griots passent leur vie à racler leurs espèces de guitares, et à se chanter le plus souvent à eux-mêmes les hauts faits de leurs guerriers; maintes et maintes fois j'en ai vu errant dans les rues de Saint-Louis, psalmodiant leurs monotones mélopées. Qu'on ne se figure pas de vulgaires chanteurs mendiant une aumône ; au contraire, ils sont tenus par leurs compatriotes en très grand honneur et ne demandent rien à personne.

Durant notre traversée, nous observions souvent ceux qui se trouvaient avec les noirs de l'avant. Accroupis à l'ombre de la tente, ils passaient la plus grande partie du jour à répéter leurs refrains mélancoliques, se berçant doucement d'un mouvement rythmique ; les noirs semblaient charmés de ces mélodies, qui se prolongeaient souvent jusqu'à une heure fort avancée de la nuit. Rien ne peut rendre l'effet, pour nous autres Européens, de ces chants barbares accompagnés par les bruissements de l'eau se brisant contre les flancs de notre paquebot ancré au milieu du fleuve, tandis que, sur les rives, se faisaient entendre, dans toutes les gammes de l'éloignement, les cris des chacals, les grognements des hippopotames, les glapissements des hyènes, et souvent, dominant le tout, les rugissements prolongés du lion, se répercutant d'échos en échos. Cette grande et sublime mise en scène des solitudes africaines avait une rude poésie qui nous faisait souvent oublier les misères réelles du voyage. Parmi les auteurs de ces misères viennent en première ligne les moustiques. Aussi entendions-nous fréquemment le capitaine sortir la nuit de sa cabine et interpeller brusquement les chanteurs de l'avant.

« Eh! là-bas! tas de braillards! n'est-ce pas assez d'être dévorés par vos maudits moustiques, qui ne sucent pas vos peaux tannées, sans être encore assommés de vos rapsodies!... »

Silence sur toute la ligne ;... mais cinq minutes après, le barde reprenait, doucement d'abord, son chant interrompu par l'irrévérencieux capitaine, et bientôt, emporté par l'intérêt du sujet, il chantait à pleine voix. Nouvelle intervention du capitaine, qui, cette fois, se fâchait, menaçant des plus horribles châtiments celui qui troublerait désormais le repos de la nuit; et, ma foi! on s'associait de bon cœur à ses objurgations, car, si curieuse et si intéressante que soit une chose quand elle a l'attrait de la nouveauté, on s'en fatigue si elle dure trop longtemps, surtout si elle interrompt un sommeil dont on a grand besoin.

La plupart du temps nous abandonnons nos cabines, que les moustiques, combinés avec la température surchauffée à l'intérieur, rendaient véritablement inhabitables, et, roulés dans nos couvertures, nous dormions sur la dunette ou sur le gaillard d'arrière. Une des précautions à prendre lorsqu'on couche ainsi à la belle étoile, est de se préserver soigneusement des rayons lunaires, aussi pernicieux sous d'autres rapports que les rayons solaires. Ceux-ci provoquent des insolations, des fièvres cérébrales, des méningites, des cas de folie, etc.; ceux-là, des ophtalmies compliquées et des fièvres non moins graves, quoique d'une autre nature. En somme, les astres, assez bénins dans les zones tempérées, se livrent, dans la zone torride, à des débauches inqualifiables pour des astres bien élevés. Nos peaux et nos cervelles ont mille peines à se faire à ces manières excentriques, si bien que, la plupart du temps, faute de pouvoir nous accorder avec les éléments, les astres, les climats, les bêtes féroces, les serpents, les caïmans, les moustiques, les aborigènes souvent hostiles, nous prenons le parti de passer de vie à trépas dans une proportion générale de quinze sur vingt. Tous ces obstacles seront, pour longtemps encore, sinon pour toujours, les dragons des Hespérides de ce continent mystérieux, à l'assaut duquel se précipite une partie de notre génération, trop à l'étroit sur notre vieille Europe décrépite, insuffisante aux besoins d'aventures, de découvertes, d'horizons nouveaux. Que de curiosités, de richesses de tous genres, ne recèlent pas ces contrées inexplorées! mais que de difficultés, que d'obstacles insurmontables, non seulement pour les conquérir, mais pour les découvrir! La plus grande de ces difficultés, je pourrais presque dire la seule, — mais invincible celle-là, — est toujours le climat, qui décime les Européens d'une façon effrayante. Il faudrait pouvoir arriver à civiliser les populations noires de façon que, sous notre direction toute-puissante, elles se fissent les instruments des grandes idées d'améliorations générales conçues par nous... Mais allez donc faire entrer dans la tête laineuse d'un noir africain l'idée, et surtout la conviction de la nécessité d'un travail manuel opiniâtre et continu! Pour arriver à faire travailler le noir, il faut le blanc derrière lui; et encore ne faut-il pas que le blanc tourne la tête; car aussitôt le noir laisse tomber la pelle, la pioche, l'instrument quelconque de son travail, et retombe immédiatement dans son indolence et sa paresse natives. Aussi, même avec la plus grande surveillance, faut-il en moyenne dix noirs pour faire le travail d'un ou deux blancs; puis, dominant le tout, le préjugé enraciné qui fait mépriser des nègres tous ceux qui se livrent aux travaux manuels. Des siècles de civilisation devront passer sur ces nations avant qu'elles se mettent dans ce que nous appelons le mouvement, et, en attendant, nos hommes les plus hardis, les plus courageux, les plus aventureux, iront s'y heurter et s'y briser.

Nous avions à bord un certain nombre d'employés envoyés par le gouvernement dans les différents postes qui gardent le Sénégal; d'autres avaient pour destination Kayes même, qui a une sinistre réputation d'insalubrité. Plusieurs de ces derniers, effrayés par cette réputation, justifiée d'ailleurs, comme j'ai été à même de m'en apercevoir par moi-même, se proposaient de profiter de la première fièvre, de la première indisposition, pour se faire porter malades et rapatrier en France.

VI

Notre paquebot *le Tamsit,* fort chargé non seulement par son fret, mais encore par les bâtiments qu'il traînait à la remorque, avait naturellement une allure moins rapide qu'il n'aurait dû l'avoir, et cela nous permettait d'examiner en détail les contrées que nous apercevions du haut de la dunette.

La première escale après Saint-Louis est Richard-Toll, qui, du paquebot, nous sembla une charmante résidence, tout ombragée de grands arbres. C'est d'ailleurs, pour ainsi dire, la maison de campagne du gouverneur. Un poste, souvent occupé par des spahis, y est établi pour maintenir les populations environnantes dans le droit chemin. Le paquebot ne s'y arrêta point et continua sa route vers Dagana, la première des grandes escales du Sénégal. Là encore on se sent en pays civilisé : on aperçoit des maisons, de vraies maisons en pierre, ombragées de splendides fromagers au feuillage touffu et d'un vert plein de vigueur. Une rue borde le fleuve, et

Spahi sénégalais.

une noire population s'agite à la vue de notre important convoi, qui passe tout droit, sans faire attention aux grands gestes par lesquels les nègres semblent l'inviter à s'arrêter.

Les rives du fleuve sont bordées d'une épaisse végétation d'arbres, de broussailles et de grands roseaux. Dans les arbres se jouent d'innombrables légions de singes, des nuées de tourterelles et de ramiers; des aigrettes y montrent leur plumage blanc; sur les berges, des caïmans dorment au soleil, et de temps en temps on les aperçoit se précipitant sur quelque proie qui, sans doute, passe à leur portée. Une fois, m'amusant du bord à tirer quelques oiseaux, je blessai une aigrette, qui tomba en battant des ailes; à peine avait-elle touché l'eau qu'un caïman sautait sur elle et l'engloutissait; la chose fut si vite faite que nous eûmes à peine le temps de voir la sinistre bête sauter à l'eau de dessus le tronc d'arbre où, sans doute, elle guettait une occasion.

La chaleur était accablante; la réverbération du soleil sur l'eau la rendait plus terrible encore; nous approchions de Podor, lieu qu'on dit le plus chaud du Sénégal. Le fleuve fait à cet endroit un long circuit dans les terres et, à cette époque de l'année, se rejoignant avec le marigot de Doué, en faisait une petite mer. Ce marigot, de concert avec le Sénégal, forme l'île à Morfil et retourne rejoindre le fleuve à Saldé. Là fourmillent les hippopotames, dont les marigots sont les domaines préférés durant l'hivernage.

Nous mîmes fort longtemps à parcourir le long détour du fleuve qui précède Podor, où nous devions nous arrêter. L'importance de notre convoi demandait des précautions infinies de navigation pour nous maintenir au milieu du lit du Sénégal et ne pas nous laisser dévoyer par les contre-courants qu'y provoque, surtout à ce moment des hautes eaux, l'entrée du marigot. Enfin nous mouillâmes devant Podor, dont les murailles blanches du poste dominent les constructions de l'escale.

Un jeune passager mulâtre employé d'une maison de Saint-Louis avait à Podor quelques traitants à voir. Je descendis à terre avec lui, heureux de cette occasion de distraction. Nous nous trouvâmes bientôt sous les grands arbres d'une rue bordant le fleuve; quelques noirs, accroupis à l'ombre, avaient devant eux différentes marchandises : mil, arachides, viande de mouton à l'aspect fort peu appétissant, pain de singe ou fruit du baobab; c'était jour de marché. Une vieille femme vendait de ces poteries en terre cuite au soleil dont on se sert dans tout le haut fleuve pour tenir l'eau fraîche. Je lui demandai des gargoulettes, et, abandonnant sa boutique à la garde d'un négrillon, elle m'emmena, derrière cette rue ombragée, dans le village de Podor, village indigène formé d'une quantité de cases en forme de ruches. Le soleil était alors capable de faire bouillir de l'eau à l'air libre; je ne crois pas avoir jamais éprouvé pareille chaleur. Malgré mon casque de liège, coiffure indispensable au Sénégal, il me semblait que mon cerveau allait éclater. J'avoue que je fus très content d'atteindre la case de la bonne femme, où se trouvait un petit assortiment de poteries. Je fis mon choix et je me hâtai de revenir à l'ombre des grands arbres. Une véritable nuée de petits oiseaux gris et de petites perruches vertes y étaient installés et y faisaient un tapage étourdissant. Les oiseaux sont, d'ailleurs, une des plaies des rivages sénégalais. A l'époque de la maturité du mil, les noirs sont obligés d'installer des enfants autour des champs pour en chasser, par leurs cris et leurs gestes, les oiseaux pillards; nous avons vu souvent, sur les parties cultivées des rives, des débris de huttes en paille qui avaient servi à abriter les négrillons chargés de la garde des récoltes. Il y a notamment une espèce de petit oiseau gris à gorge rouge, hardi, bavard, effronté, qui m'a semblé avoir une grande affinité avec nos moineaux francs. Il y en avait à Podor littéralement autant que de feuilles, criant, piaillant, se battant, se poursuivant au milieu du feuillage, sans s'inquiéter des gens qui circulaient sous les arbres.

Podor se trouve sur le territoire des Toucouleurs,

nation guerrière et turbulente contre laquelle nos troupes durent souvent marcher. Elle semble soumise maintenant, et le poste de Podor, qui fut enlevé de vive force en 1854, a toujours été occupé depuis par nos soldats. La caserne ou poste se trouve située à environ deux cents mètres du fleuve, qu'elle domine de sa masse solide et carrée, tranchant sur le bleu éclatant du ciel africain.

Après deux ou trois heures de station à Podor, nous remontâmes à bord du *Tamsit*, qui reprit aussitôt sa route. Notre marche, alourdie par le poids du convoi, imposait au capitaine l'obligation de perdre le moins de temps possible.

Je n'ai pas encore parlé des orages ou *tornades* de l'hivernage. Rien ne saurait donner une idée de leurs violences. Quand une *tornade* se prépare, la chaleur, déjà si forte, devient absolument accablante ; le ciel se teinte d'abord d'un bleu intense, épais pour ainsi dire ; le soleil darde des rayons de feu qui semblent devoir mettre tout en ébullition ; les feuilles des arbres sont immobiles, pâmées sous cette atmosphère incandescente ; les oiseaux se taisent, les fauves disparaissent, les reptiles se réfugient dans leurs repaires, les caïmans eux-mêmes plongent dans leurs humides demeures, abandonnant les sables brûlants des berges ; la nature semble un moment immobilisée, pétrifiée, sous une torpeur insurmontable ; puis de gros et noirs nuages se montrent à l'horizon et s'amoncellent subitement sous l'effort du vent qui se lève en sifflant. Le soleil disparaît, les arbres frémissent d'abord comme un coursier qui sent le danger. Puis, tout à coup, sans transition, l'ouragan se déchaîne dans toute sa fureur, dans toute son incommensurable puissance, dans toute sa sublime horreur; les arbres ploient,

Toucouleurs.

craquent, se brisent et volent en éclats sous les rudes pressions des vents; les éclairs sillonnent les nues sans interruption; tout le ciel, toute la terre, semblent être une fournaise ardente; le tonnerre éclate en roulements effrayants sans trêve ni intervalles; la pluie tombe avec une violence inconnue à nos climats; les gouttes d'eau sont larges comme des assiettes et tombent lourdement comme des projectiles; tout est bruit, effroi, bouleversement, chaos. Les branches des arbres, rompues par le tonnerre ou l'effort du vent, voltigent avec la force de catapultes aériennes ; l'eau, la foudre, les feuilles arrachées des arbres, le sable soulevé par rafales, vous aveuglent, vous ahurissent ; il semble que la nature sortira brisée, meurtrie, écrasée par cette lutte titanesque. Puis, tout à coup, la foudre se tait, le soleil brille, la pluie s'apaise, le vent tombe, et tout reparaît rafraîchi, éclatant, malgré les branches brisées, tordues, et les ravines creusées par les torrents ; les oiseaux, rassurés, reprennent leurs chants; les singes se suspendent à nouveau aux branches chargées de larges gouttes de pluie, sur lesquelles les rayons du soleil font éclater les riches couleurs du prisme ; tout semble rajeuni, tranquille, innocent, comme si les éléments ne venaient pas de se livrer à une épouvantable orgie. Mais là est le danger des terres africaines ; le sol argileux ne pouvant absorber ces quantités d'eau, le soleil, en dardant ses rayons de feu sur les flaques stagnantes, sur les marigots aux fonds comblés de détritus de toutes sortes, produit les exhalaisons putrides qui empoisonnent l'air et provoquent les fièvres paludéennes, intermittentes, les typhus, les dysenteries et toute la série de maladies qui déciment les populations en général et les Européens en particulier durant l'hivernage.

Entre Podor et Saldé nous fûmes assaillis une nuit par une de ces *tornades*. Accablés par la chaleur, nous étions couchés sur le pont, comme nous le faisions la plupart du temps, lorsque, tout à coup, les gouttes d'une pluie brutale nous tombèrent sur le dos, traversant la tente qui couvrait le *Tamsit*. En un clin d'œil, le temps juste de me lever, ma couverture fut traversée comme si je l'eusse trempée dans l'eau. Nous nous hâtâmes de nous réfugier dans nos cabines. Le vent, les éclairs, le tonnerre, l'eau, faisaient rage et bousculaient le paquebot, dont nous entendions craquer les nervures, les amarres, les mâts ; les cordages sifflaient, les poulies se choquaient, les chaînes grinçaient, tandis que nos chalands et nos goélettes tourbillonnaient sur leurs ancres et menaçaient de rompre les amarres qui les retenaient au paquebot, sous les secousses brusques et réitérées des rafales. Enfin, vers le matin, le vent tomba et le soleil se leva dans un ciel sans nuages. Mais il y avait de la besogne avant de pouvoir lever l'ancre : telle avait été la violence de l'ouragan, qu'en faisant pirouetter les bâtiments comme des toupies, les amarres s'étaient mêlées, enchevêtrées de telle sorte qu'il était impossible de démarrer. Le capitaine jurait et s'impatientait. Ce fut alors que nous fûmes témoins de la prodigieuse habileté des noirs dans la natation. Trois ou quatre de ceux du bord se jetèrent dans le fleuve, dont les eaux bourbeuses et gonflées par l'orage de la nuit produisaient un courant d'une extrême violence, et plongèrent à l'avant du paquebot pour démêler les cordages des ancres des différents bâtiments. On était effrayé du temps qu'ils passaient sous l'eau, tandis que les flots se brisaient sous l'avant du navire avec une force inouïe ; durant au moins deux grandes heures ils travaillèrent ainsi, plongeant à plus de dix reprises chacun sans se lasser, comme de véritables marsouins, évoluant avec une facilité sans pareille au milieu des remous couverts d'écume. Enfin, leurs efforts furent couronnés de succès, et l'on put lever les ancres forcées et tordues; mais, ce jour-là, nous ne nous mîmes en marche qu'à neuf heures au lieu de partir à l'aube, selon l'habitude.

Tous les noirs, d'ailleurs, nagent avec une extrême facilité, et il semble que l'eau soit leur élément. Hommes, femmes, enfants, rencontrent-ils sur leur chemin une rivière ou un marigot, chacun fait un paquet du peu de vêtements qu'il porte, le place prestement sur sa tête, et tout le monde se met à l'eau et franchit le passage sans la moindre hésitation. Durant notre navigation sur le Sénégal, nous étions souvent accostés par des noirs qui, à notre vue, se jetaient à la nage pour venir nous demander du tabac ou du biscuit ; d'autres venaient nous offrir quelques produits de leur industrie, quelques fruits, quelques poissons ; le tout était placé sur leur tête, et il ne semble pas que ces fardeaux, quels qu'ils soient, gênent leurs mouvements. Ils fendent le courant avec une facilité sans égale et sans le

Maures Trarzas.

moindre effort, traçant à peine un mince sillage. J'ai vu de tout petits enfants quitter la mamelle de leur mère, rouler plutôt que marcher jusqu'à l'eau, s'y plonger et s'y ébattre déjà en nageant comme de jeunes chiens. Je me suis demandé bien des fois combien les caïmans devaient faire de victimes parmi ce menu fretin de négrillons que l'on voit passer des journées entières à barboter sur les bords des rivières ou des marigots. Tout cela est absolument nu jusqu'à dix ou douze ans et ne semble donner aucune peine à leurs parents. Tant que l'enfant ne marche pas, la mère le porte partout avec elle, aux champs, au marché, en route, lié derrière ses reins dans un lambeau d'étoffe ; puis, dès qu'il se traîne à quatre pattes, on le laisse se rouler à terre, et bientôt il va rejoindre la bande, au milieu de laquelle il s'arrange comme il peut. C'est là que se fait son éducation. Tout ce petit monde crie, saute, nage, braille, glapit, maraude, se bat, se culbute et grandit au grand air, au soleil et en pleine liberté, sans souci d'aucune sorte. Le soir venu, chaque couvée retrouve sa case comme les poussins d'une même poule, et, après s'être gavé de couscous, comme ils l'ont fait le matin au réveil, chacun s'étend sur les nattes et dort à poings fermés, pour recommencer le lendemain la même existence.

Nous traversions alors des contrées qui, fort souvent, nous ont été hostiles. Sur la rive gauche sont les Noirs Toucouleurs, nation pillarde et remuante; sur la rive droite, les Maures Braknas, tout aussi bandits que les Trarzas, qui les précèdent. Entre les Maures et les Toucouleurs, les hostilités sont pour ainsi dire à l'état permanent. Les deux races sont absolument dans les mêmes termes ensemble que les Écossais des Highlands et des Lawlands autrefois; l'objet perpétuel de leurs expéditions a pour but le vol des bestiaux. Du haut de la dunette du *Tamsit*, nous apercevions les troupeaux de bœufs et de moutons paissant l'herbe, épaisse et luxuriante à cette saison, des rives du fleuve, sous la garde d'un berger toujours armé d'un fusil: s'il n'y en a qu'un dans le village, il est pour le berger. La hauteur des eaux à cette époque interrompait les expéditions; mais dès que le fleuve redevient à un niveau raisonnable, les hostilités recommencent. Un parti traverse le Sénégal à gué ou à la nage et tombe sur les troupeaux qu'il a des raisons de croire mal gardés, et, après des combats plus ou moins sanglants, repasse le fleuve avec une portion plus ou moins considérable du bétail de ses voisins; ceux-ci, quelques nuits après, traversent le fleuve à leur tour et vont piller le campement ennemi, d'où ils emmènent et tuent tout ce qu'ils peuvent; et ainsi de suite jusqu'à ce qu'un des deux partis, plus fort, plus adroit ou plus considérable, ruine complètement l'autre.

Généralement, ce sont les Maures qui jettent le gant et qui ont le plus d'avantages, étant beaucoup plus énergiques et plus opiniâtres que les Noirs, qui font souvent plus de bruit que de besogne. Il faudra encore bien des générations avant d'extirper des mœurs indigènes de l'une et l'autre race ces instincts de pillage mutuel.

Les Maures semblent plus belliqueux que les Nègres, bien que certaines tribus de ceux-ci ne leur cèdent guère sur ce point. Seulement le chef maure apparaît toujours plus brillant et plus imposant. Monté sur un cheval dont le harnachement est couvert de bibelots éclatants, dont la moitié de la queue est teinte en rouge, il parade fièrement au milieu de sa tribu, qu'il parcourt et inspecte d'un air important. Nous en voyions souvent accourir sur les berges pour jouir de la vue de notre convoi. Seul, le chef était monté. Parfois ils échangeaient quelques paroles avec le mulâtre, quand la proximité du paquebot le permettait et que celui-ci comprenait leur idiome; car il y a presque autant de dialectes que de tribus.

J'ai remarqué que la rive gauche, la rive noire, pour m'expliquer plus clairement, est infiniment plus peuplée que la rive occupée par les Maures. Presque tous les villages que nous apercevions étaient situés sur cette rive, tandis que, de l'autre côté, nous voyions plutôt des espèces de campements ou de haltes formés de tentes, que les Maures établissent et enlèvent en quelques minutes. Leurs villages sont probablement situés plus loin dans l'intérieur, afin d'être plus à portée du passage des caravanes qui sillonnent le Sahara ; c'est ce qui leur donne souvent l'avantage dans leurs vols de bétail, car leurs adversaires ne peuvent toujours les poursuivre jusque dans leurs repaires. Les Noirs, cependant, mènent fréquemment paître leurs bêtes sur la rive opposée, sans doute dans les contrées qu'ils savent moins exposées, et il nous est arrivé plusieurs fois d'assister au passage de ces troupeaux. Rien n'est curieux comme de voir tous ces bœufs nageant en bon ordre, pressés les uns contre les autres ; le berger les dirige de la voix, nageant lui-même au milieu d'eux, ses vêtements et son fusil sur sa tête. Bien que les eaux fussent très hautes et le courant souvent très rapide, pas une bête ne déviait de la ligne, et c'était plaisir de voir toutes ces têtes cornues glissant sur l'eau avec ensemble sans produire aucun remous. Les moutons, moins forts, étaient transportés en pirogue. Les Noirs ramènent ainsi chaque soir les troupeaux sur leur territoire, quand la disette de provende les oblige à aller les mener se rassasier sur la rive opposée. Les Peuls, une des tribus de la nation des Toucouleurs, sont un peuple pasteur dont nous voyions les innombrables troupeaux à perte de vue. C'est chez eux principalement que les Maures vont faire des razzias ; ceux-ci, naturellement, prennent leur revanche à la première occasion, de sorte que le Sénégal est presque continuellement témoin de conflits et de représailles.

VII

Le *Tamsit* ne s'arrêta que quelques instants à Saldé, petit poste dont le blockhaus est occupé par une garnison d'une douzaine d'hommes. Ce blockhaus est édifié sur la rive du fleuve, dont les berges sont fort élevées, et domine tous les alentours, qu'il est appelé à maintenir. Il a été construit en 1865, je crois, pour tenir en respect la population turbulente des environs, et relier notre ligne de communication entre Bakel et Podor, séparés par un espace de près de cent lieues. Le sergent commandant du poste, en l'absence de l'officier alors en congé, vint à bord chercher quelques provisions, car on manque de tout dans ces postes. Le pauvre garçon semblait s'ennuyer à mourir dans sa petite citadelle, perdue au milieu des solitudes africaines, d'autant plus qu'il avait plusieurs malades dans sa garnison, — garnison de douze hommes, — dont un, notamment, lui donnait beaucoup d'inquiétude et dont il désespérait.

« Qu'a-t-il? demanda le second du *Tamsit*.

— Il a tout ce qu'on peut avoir dans ce pays, répondit le sergent. Nous avons quelques médicaments, mais pas de médecin pour les administrer à propos, et je ne sais quoi faire au pauvre diable.

— Envoyez-le à bord, dit le capitaine; mon second a quelques connaissances en médecine; il lui administrera une dose de quelque chose.

— Il n'est pas transportable, répondit le sergent; et d'ailleurs, à quoi bon? Cette dose ne pourrait le sauver, ce serait fatiguer inutilement le pauvre garçon. »

Nous ne restâmes que quelques instants à Saldé, où le mulâtre seul alla voir quelques connaissances. Bientôt après nous passâmes devant le Bosséa. C'est là le quartier général de la population la plus remuante des Toucouleurs. Le chef de la tribu est presque continuellement en expéditions avec la jeunesse bosséanienne, pour piller et rançonner les paisibles villages qui bordent les rives du Sénégal et qui ne demanderaient qu'à commercer tranquillement avec les blancs. Nous aperçûmes quantité de noirs armés de fusils, qui nous regardaient passer d'un œil peu engageant.

La ceinture de bois qui borde le fleuve s'épaississait : c'était la forêt vierge dans toute sa splendeur échevelée. Parmi les branches des arbres sautaient des légions de singes pleureurs, dont les cris déchiraient l'air; nous les voyions courir sur les hautes berges, puis attraper les branches inférieures de leurs longs bras, et aussitôt ils apparaissaient au sommet de l'arbre. De temps en temps nous entrevoyions des daims, des biches, des antilopes buvant paisiblement à la marge du fleuve, puis, au bruit de notre machine, levant soudain leur gracieuse tête et s'enfuyant effrayés; d'énormes caïmans, étendus au soleil sur des racines déchaussées par le flot, sautaient au milieu des roseaux, dont leur sillage faisait onduler les hautes tiges flexibles; parfois un aigle sénégalais apparaissait, perché sur une grosse branche, agitant sa tête aux reflets bronzés; le merle métallique passait comme un brillant météore en poussant son cri strident; la poule de pharaon étalait sur les berges sablonneuses la richesse de son plumage aux couleurs éclatantes, tandis que de noirs sangliers se vautraient aux bords des marigots. Tout cela me donnait des crispations, des impatiences, des envies folles de me voir à terre, le fusil à la main. Le capitaine et le mulâtre riaient de mes exclamations et de mes enthousiasmes; un ou deux noirs, chasseurs déterminés, me regardaient d'un air intelligent et, moitié par gestes, moitié en mauvais français, me mettaient au courant des habitudes des différentes sortes de gibier, du lieu où il gîte, du moment le plus propice à telle ou telle chasse; ils m'initiaient, en un mot, aux secrets des Nemrods africains. L'un d'eux, notamment, passait son temps, depuis Saint-Louis, à frotter, fourbir, gratter, astiquer un vieux fusil à pierre qu'il y avait acheté, indigne patraque du siècle passé qu'il contemplait

Types des bords du Sénégal.

cependant avec tendresse. Mes armes de précision lui semblaient fort belles, il est vrai ; mais je doute qu'elles lui eussent fait plus de plaisir que la vieille arme, dans le bassinet de laquelle il pouvait mettre une demi-poignée de poudre.

Une certaine nuit nous fûmes réveillés par de formidables rugissements : des lions, descendus des hauteurs que nous avions aperçues à l'horizon lointain, venaient se rafraîchir aux bords du fleuve. Je me levai en toute hâte, car les redoutables fauves devaient être fort près, et, en effet, à la claire lueur de la lune, j'apercus leurs silhouettes presque en face du paquebot, sur la rive maure, s'agitant au milieu des hautes herbes et des broussailles; ils étaient deux, autant que je pus voir, sans doute le lion et la lionne. Leurs formidables rugissements éveillaient les échos d'alentour. Je fus violemment tenté de prendre mon fusil et d'essayer de leur envoyer une ou deux balles, que le peu de largeur du fleuve en cet endroit m'eût parfaitement permis de leur loger dans la peau; mais l'agitation continuelle des grands roseaux qu'ils foulaient ne m'eût pas permis de viser avec quelque chance de succès, et je renonçai à cette idée. Bientôt, d'ailleurs, ils quittèrent le bord de l'eau et s'éloignèrent en bondissant au milieu des broussailles.

Il me fut impossible de me rendormir, et dès l'aube j'étais sur le pont avec ma lorgnette, explorant le rivage. Mais la nature boisée des berges ne me permettait aucune observation. Par un hasard que je bénis, il fut décidé que, la machine ayant besoin de réparations, le paquebot demeurerait à l'ancre toute la journée. Aussitôt je demandai au capitaine à descendre à terre, ce qu'il m'accorda très gracieusement, et, sautant dans une embarcation avec un noir, nous fûmes à terre en quelques coups de rames. D'autres noirs du bord se rendaient en même temps sur la rive opposée et y barbotaient dans la rosée, s'escrimant après les singes.

Nous abordâmes sur une petite pointe sablonneuse, tout près de l'endroit où j'avais aperçu les lions la nuit précédente. Leurs traces étaient encore visibles sur la terre humide, et il devait y avoir eu là une bête de belle taille, à en juger par les dimensions des empreintes. Les roseaux et les broussailles étaient encore écrasés en divers endroits, aux trouées qu'ils avaient faites pour venir à l'eau et pour s'en retourner, tandis qu'en différentes places on pouvait voir qu'ils s'étaient couchés ou roulés dans les hautes herbes. Je fis promptement toutes ces observations et les communiquai au noir, puis, le doigt sur la détente de mon fusil, je m'engageai dans la trouée que, d'après les empreintes, je supposais devoir être le chemin que les lions avaient foulé pour rentrer dans l'intérieur. Après avoir suivi ce sentier d'un nouveau genre durant une trentaine de pas environ, nous nous trouvâmes tout à coup dans une espèce de clairière couverte d'une herbe courte, où nulle empreinte n'était plus visible ; des buissons épineux, des brousses folles, des maquis impénétrables, se montraient de toutes parts, laissant parfois entre eux d'étroits passages, bientôt obstrués par la végétation somptueuse des pays tropicaux en saison pluviale. Je me glissai dans les intervalles, et mon noir et moi nous battîmes consciencieusement les alentours. Maintenant que je réfléchis de sang-froid, je ne puis m'empêcher de blâmer notre imprudence : le ou les lions pouvaient être endormis dans un de ces bouquets de broussailles que nous contournions, et nous tomber sur le dos à l'improviste, sans même donner le temps d'épauler mon fusil ; le noir était sans armes et me faisait l'office de chien. Mon fusil était un simple Lefaucheux à deux coups, et dans mon empressement je n'avais pris, outre ma cartouchière garnie de longue main de plomb de différents numéros, que quatre ou cinq cartouches à balles, que j'avais glissées en toute hâte dans la poche de mon gilet. Mon excellent fusil Diane, à canon rayé, se trouvait parmi mes bagages, soigneusement enveloppé, et je n'avais pas voulu le prendre, d'abord pour ne pas perdre de temps à le chercher, ensuite de crainte que la forte rosée du matin ne le fît rouiller avant que je fusse arrivé à destination de Kayes, d'où je comptais me mettre sérieusement en campagne.

Le fait est que je n'avais fait aucune réflexion et que j'étais parti en guerre, transporté de me voir, pour la première fois de ma vie, sur la piste d'un lion ; si je l'avais rencontré, il y a cent à parier contre un que je ne raconterais pas aujourd'hui mes aventures. Même, sans trouver les lions, nous pouvions rencontrer quelque panthère, quelque chat-tigre, quelque guépard, plus féroces encore, et, mes quatre ou cinq balles tirées, je n'avais plus que du plomb. De près, une charge de plomb fait balle, il est vrai ; mais à quelque distance il est insuffisant pour la grosse bête et ne sert plus qu'à l'irriter... Enfin, il y a un Dieu pour les imprudents. Nous battîmes le terrain et, ne voyant pas de gros gibier, je me rabattis sur le petit ; il y avait là des quantités de tourterelles, de merles métalliques, de pintades au bleu corsage, que je me mis à chasser. Mon noir était émerveillé de me voir tirer les oiseaux au vol ; aucun nègre ne tire jamais ainsi : ils attendent toujours que le gibier soit posé. Au débouché d'un massif de broussailles, j'aperçus tout à coup une nombreuse compagnie de perdrix trottant en bataillon pressé. Elles étaient un peu loin, mais, appelant mon noir, je les lui montrai, et nous nous mîmes à leur poursuite. Les sorcières se jetèrent dans un maquis, une jungle, pourrais-je dire, où les plantes épineuses, les lianes, les roseaux en fers de lance, se hérissaient de toutes parts ; mon noir se jeta intrépidement au milieu de ces engins désagréables, qui m'accrochaient de toutes parts, et nu-pieds, nu-jambes, nu-corps, n'ayant que son pagne, il se glissait là dedans comme un serpent. Il faut que les peaux noires soient incontestablement plus dures que les peaux blanches, car il est certain qu'un de nous serait sorti haché de ces fourrés. Noir et perdrix en sortirent cependant, et, me trouvant cette fois dans une jolie clairière, j'eus le loisir de décimer la compagnie, que nous relançâmes une seconde fois un peu plus loin. J'y refis encore quelques victimes, et enfin les débris épeurés de la pauvre nichée disparurent dans les hautes herbes d'un marigot, où nous les abandonnâmes. En contournant le marigot, nous aperçûmes une troupe de noirs sangliers se vautrant dans la vase. Nous nous lançâmes aussitôt à leur poursuite; mais ils avaient sans doute flairé notre approche, car ils s'enfuirent aussitôt, et nous ne les revîmes plus.

Presque à chaque pas je levais des tourterelles, des pigeons ramiers, des oiseaux d'espèce inconnue, des perroquets ; de grands singes s'enfuyaient par troupes en grimaçant et en poussant leurs cris désagréables et gutturaux. Je ne tirais pas sur eux, car leur chair n'est pas mangeable, paraît-il, et j'avais d'ailleurs assez de bon gibier en vue, sans user ma poudre sur eux. Des volées de pintades se glissaient sous les arbres; elles sont fort sauvages, et il est assez difficile de les approcher; cependant j'en tuai quelques-unes, qui gonflèrent le carnier que le noir portait sur son épaule. Nous n'aperçûmes nulle part

Nous aperçûmes une troupe de sangliers.

de nouvelles traces des lions de la nuit ; sans doute ils avaient regagné leurs repaires dans les montagnes, dont la cime se profilait parfois entre les arbres.

Le soleil commençait à devenir insupportable ; ses rayons presque perpendiculaires dardaient sur nous ; je regardai ma montre : il était plus de dix heures, et je chassais depuis le lever du soleil, à six heures du matin. L'appétit commençait à se faire sentir, impérieux, et, d'ailleurs, la chaleur devenait intolérable. Nous nous étions passablement éloignés du fleuve, et nous nous orientâmes de notre mieux pour y revenir. Rien n'est difficile comme de se diriger, au milieu de l'inextricable fouillis de la végétation sénégambienne, surtout à cette époque de l'année ; à chaque instant on rencontre des marigots vaseux, des fondrières, des lits de torrents, des broussailles, qui vous barrent le chemin et vous forcent à des détours sans nombre. Mon noir, heureusement, avait l'instinct du chien de chasse, et nous finîmes par atteindre la rive où notre youyou étiat amarré.

Nous fûmes accueillis avec enthousiasme par le capitaine, à la table de qui mon butin promettait une succulente addition. Tous ceux qui s'étaient moqués de moi le matin en me voyant partir en guerre, trouvèrent que je n'avais nullement mal pensé, bien que je n'eusse pas rapporté le lion. Le mulâtre vint au-devant de moi en riant, et examina, avec le capitaine le contenu du carnier.

« A la bonne heure! s'écria gaiement le capitaine; voilà de quoi faire tourner la broche, et j'aime beaucoup mieux tout ce fin gibier que tous les lions du Sahara. »

Les noirs, qui avaient été explorer la rive opposée, arrivaient alors. Ils rapportaient aussi quelques tourterelles et cinq ou six grands singes, qu'ils offrirent au capitaine; mais celui-ci refusa leur présent.

« Que voulez-vous que l'on fasse de ces carcasses-là, qui ne sont bonnes ni à bouillir ni à rôtir? s'écria-t-il avec la brusquerie qui distingue les marins, surtout vis-à-vis des nègres; parlez-moi de la chasse de M. Habert, à la bonne heure; mais vos singes!... Pouah! La peau même n'en vaut rien! »

Les noirs se groupèrent autour de mon butin étalé sur le pont, causant vivement avec celui qui m'avait accompagné à la chasse et qui, évidemment, leur racontait dans son langage imagé les incidents de notre promenade, car je le voyais faire le simulacre de mettre en joue, puis feindre de courir ramasser la victime, et désigner dans le tas telle ou telle pièce de gibier. Magaye les écoutait en riant et en clignant de l'œil en me regardant.

« Que disent-ils? lui demandai-je.

— Ils disent que tu es bon chasseur et bon tireur, »

me répondit-il en souriant de ses trente-deux dents, blanches comme celles d'un jeune chien.

On distribua le gibier, et les noirs en eurent quelques pièces pour leur part, ce dont ils parurent très satisfaits; ils furent sans doute de l'avis du capitaine, car les singes furent jetés à l'eau, où ils furent aussitôt happés par les caïmans. Les noirs faisaient leur cuisine sur le pont, et bientôt pigeons et tourterelles furent dans la marmite. C'était un délassement à l'éternelle viande de mouton maigre et décharné qui, bouilli avec du riz, du mil ou du maïs, forme la base de la nourriture indigène : le *couscous*.

Le *couscous* se faisait à bord dans de grands chaudrons posés sur un feu allumé sur une moitié de vieux tonneau rempli de sable. On met dans le chaudron un boisseau ou deux de mil pilé, deux ou trois seaux d'eau, le quart d'un mouton étique coupé en morceaux et presque toujours boucané d'avance, du sel si l'on en a, et l'on fait bouillir le tout. Quand ces divers ingrédients sont réduits à l'état de pâtée, le *couscous* est fait. La famille, l'escouade, le groupe correspondant au chaudron, en un mot, se réunit autour, et chacun, assis sur ses talons, plonge la main dans la pâtée et en retire une poignée; on roule cette poignée de mil et de viande dans les deux mains pour en former une grosse boulette, et il n'y a pas de bouche noire qui en fasse deux bouchées, de cette boulette. Ce qu'un nègre absorbe de *couscous* n'est pas croyable. Disons bien vite que lorsqu'il faut jeûner faute de provisions, le noir supportera la famine bien plus longtemps que nous. Mais quand les provisions le permettent, il semble qu'ils mangent pour quinze jours. Très hospitaliers et très généreux, d'ailleurs, et, dès que vous approchez de l'auge où ils se rassasient, vous offrant aussitôt en riant une boulette soigneusement pétrie dans la paume des mains. J'ai goûté du couscous, et ce n'est pas plus mauvais qu'autre chose ; la manipulation seule me souriait médiocrement ; mais au bout de quelque temps on s'y habitue, et l'on se contente de faire les bouchées moins grosses. Nécessité fait loi.

Vers deux heures de l'après-midi, je repris mon fusil et me disposai à retourner à terre faire une autre provision de gibier. On me dit que j'étais fou de m'exposer à un soleil aussi vif ; mais je ne tins pas compte de l'objection et je sautai dans le canot. Toute la noire séquelle du bord aurait été à mes trousses si j'y eusse consenti ; mais je n'en acceptai que deux, laissant d'ailleurs aux autres la latitude d'y aller pour leur compte.

Nous abordâmes au même endroit que le matin, mais je ne m'occupai plus des traces des lions et je me mis aussitôt en chasse. Sur mes indications, les deux noirs prirent chacun une direction opposée d'abord, mais convergente après un certain temps, de manière à me rabattre le gibier. Je tenais autant que possible le centre ou l'axe du cercle qu'ils devaient tracer. Bientôt, en effet, je pus m'apercevoir que mes instructions avaient été bien comprises, car pintades, perdreaux, poules de pharaon, etc., trottaient sous les hautes herbes, fuyant un ennemi invisible, pour venir succomber sous mes cartouches. La troupe de sangliers apparut encore dans le lointain, sous une allée naturelle couverte d'ombre. Je me jetai à sa poursuite; elle était composée d'une laie, qui me parut superbe, et d'au moins douze ou quatorze marcassins déjà gros. Je désirais vivement en abattre un ou deux, mais il me fut impossible d'arriver à portée; comme le matin, la mère se faufila dans un fourré, et toute la bande y disparut à sa suite. J'appelai mes rabatteurs, que je venais d'entendre à quelque distance, et je voulus me mettre avec eux à la poursuite de ces bêtes, que j'entendais fourrager et grogner à peu de distance, dans un marigot; mais il nous fut impossible de nous frayer un passage parmi les brousses épineuses sous lesquelles les sangliers s'étaient glissés; c'était un mur redoutable armé de dards acérés et coupants comme des rasoirs, un enchevêtrement de lianes, de racines, de hauts roseaux tranchants, impossible à franchir sans le secours du feu ou de la hache.

J'y renonçai donc et je pris une autre direction. Je me trouvai bientôt sous un dôme de verdure formé

par de superbes tamariniers qu'on eût presque dits alignés par la main des hommes ; une herbe drue, et cependant pas trop haute, tapissait le sol ; de temps en temps les brousses se montraient, mais modestement et formant seulement de petits massifs hérissés, comme pour ne pas laisser oublier leur existence. Les arbres montraient presque tous leurs énormes et puissantes racines, émergeant du sol et se tordant comme de gigantesques nichées de serpents. A un moment, je m'arrêtai soudain, et un tressaillement involontaire me parcourut jusqu'à la racine des cheveux : un énorme reptile s'enroulait autour du tronc d'un arbre de moyenne grosseur et allait se perdre dans l'épaisseur de son feuillage. Je demeurai quelques secondes sous l'impression horripilante que m'a toujours produite la vue d'un reptile ; puis, revenu à moi, j'épaulai mon fusil et lâchai mes deux coups. Au même moment, un éclat de rire partit derrière moi et, me retournant, je vis un de mes noirs se tordre en grimaçant dans des convulsions d'hilarité. Courroucé, j'allais interpeller vertement le rieur, quand, reportant les yeux vers l'arbre pour juger de l'effet de ma décharge, je vis le serpent immobile à la même place.

« Ah ! ah ! *Toubab* (blanc) ! Bon ! bon ! » criait le noir en continuant de rire[1].

1. Les noirs appellent tous les blancs *toubab*.

C'était une énorme liane enroulée autour du tronc de l'arbre, et imitant le serpent de telle sorte que je dus la toucher pour me convaincre absolument de mon erreur. Depuis, j'en ai vu beaucoup de semblables, et je ne jurerais pas que, parfois, il ne se soit pas trouvé de serpents qu'à leur tour j'aurai pris pour des lianes, tant est grande la similitude.

Je rechargeai mon fusil et repris ma course. Au bout de l'allée passait un daim superbe, portant haut ses andouillers, l'œil au guet, inquiet, se demandant sans doute quel était le bruit insolite qu'il venait d'entendre, car il y avait à peine quelques instants que je venais de tirer mes deux coups. Deux ou trois femelles et quelques faons paissaient l'herbe à quelque distance, se reposant sous la garde du mâle. Je les montrai à mon nègre et, me glissant derrière les arbres et les brousses, je tentai d'en approcher à portée de fusil. Le bel animal était en éveil et tournait sa tête de tous les côtés, flairant un danger. Les femelles commençaient à renifler aussi, et il était aisé de voir que la sécurité de la petite troupe était troublée. Soudain, le mâle brama puissamment et, couchant ses andouillers sur son dos, partit comme une flèche, suivi de ses compagnons. Je déchargeai mon arme, et un faon, le dernier de la troupe, tomba sur ses genoux. Je courus, ainsi que le noir : la pauvre petite bête avait une patte de derrière cassée et le reste de la charge dans la cuisse.

Elle essayait de se relever pour s'enfuir avec les autres, et je me rappelai longtemps l'expression effrayée et douloureuse de ses grands et doux yeux. Avant que j'eusse le temps de dire un mot, mon noir lui avait plongé son couteau dans la gorge. J'eus comme un remords; la pauvre victime était si jolie et si gracieuse! La chasse est un plaisir cruel.

Mon moricaud ne savait plus où mettre le gibier; son compagnon, qui avait mon carnier, était je ne sais où; d'ailleurs, le soleil commençait à baisser, et il fallait songer au retour; j'ai dit, ce que chacun sait déjà, qu'il n'y a pas de crépuscule dans les pays tropicaux, et que la nuit succède au jour presque sans transition. Nous nous rapprochâmes donc du fleuve. Les oiseaux se rassemblaient dans les arbres et y cherchaient un gîte pour la nuit en babillant à qui mieux mieux. Les singes sautaient de branche en branche, se poussant, se bousculant, se mordant, se battant, poussant ces indignes clameurs qui leur ont fait donner le nom de singes pleureurs ou hurleurs. Au milieu d'une allée, j'en aperçus un d'une telle taille que je le pris pour un nègre accroupi; ce n'est que lorsque je le vis se lever à mon approche et s'échapper à quatre pattes en gambadant et en agitant son incommensurable appendice caudal, que je reconnus mon erreur.

En approchant du rivage, nous rencontrâmes un des noirs du bord qui flânait en bayant aux corneilles ; mon nègre le réquisitionna aussitôt pour l'aider à porter notre gibier. Une forte branche fut coupée ; on attacha les pattes de chaque pièce et l'on suspendit tout notre butin à la perche, dont chaque noir posa une extrémité sur son épaule. J'avais un peu l'air d'un triomphateur, ainsi précédé de mes victimes portées devant moi. Les noirs étaient encore plus joyeux que moi, car ils savaient bien qu'ils auraient une bonne part du butin.

Lorsque nous émergeâmes des broussailles et des roseaux qui bordaient immédiatement le fleuve, et que nous fûmes aperçus du bord, un hourra joyeux éclata comme une salve d'artillerie. Nul doute que cette salve n'eût été tirée si l'on eût possédé le moindre canon à bord du *Tamsit*. Le second nègre que j'avais emmené avec moi et que j'avais perdu en route était tranquillement assis sur un tertre au bord de l'eau, et m'attendait en plumant les oiseaux qu'il avait déjà dans le carnier avant de me quitter. Je lui fis comprendre avec quelque peine que je tenais à rapporter à bord mon gibier avec ses plumes, et que ce n'est pas l'habitude des blancs de revenir de la chasse avec une collection de volailles toutes prêtes et toutes troussées pour la broche. Tel est l'empressement des noirs à manger toute espèce de gibier, que je les ai vus souvent ne pas attendre qu'il soit mort pour le plumer ou l'écorcher.

Je n'ai pas besoin de dire que ma chasse de l'après-midi fut aussi bienvenue à bord que le matin. Il n'y a vraiment pas grand mérite à revenir chargé de gibier dans des contrées où il foisonne ainsi. Si j'avais eu avec moi un ou deux de nos bons chiens d'arrêt de France et que j'eusse pû descendre à terre chaque jour durant deux heures seulement, je me serais fait fort de sustenter tout l'équipage.

Nous repartîmes le lendemain matin et ne nous arrêtâmes plus jusqu'à Matam ; nous rencontrâmes quelques hippopotames, mais aucun ne s'approcha à portée. La largeur du fleuve, débordé en beaucoup d'endroits, leur permettait de fuir au bruit de notre hélice, et, d'ailleurs, ils ne se montraient guère que pour disparaître aussitôt au milieu des marigots que l'hivernage fait s'épandre indéfiniment par places en de petites mers. A la saison sèche, ces énormes pachydermes sont plus faciles à approcher, car ils n'ont plus des refuges aussi nombreux et aussi profonds.

VIII

Matam se trouve sur la limite du Bosséa et du Damga. La population du Damga est beaucoup plus tranquille que celle du Bosséa, et ne demanderait qu'à vivre paisiblement, sans les querelles de ses turbulents voisins. C'est un peuple travailleur et commerçant, autant qu'on peut être commerçant et travailleur quand on est en butte aux incursions, aux razzias, aux pillages de bandits pour qui les expéditions de ce genre sont un besoin et un principe.

Matam possède une tour ou blockhaus dans le genre de celle de Saldé. La vie de la garnison n'y est ni plus gaie ni plus variée. Les cases des noirs sont groupées derrière le fortin, comme à Saldé ; elles m'ont paru plus nombreuses. Le paysage, à partir de Matam, est plus accidenté ; on aperçoit plus souvent des villages ombragés de beaux arbres et entourés de champs qui ont servi à la culture. Ce n'est plus la forêt vierge dans sa sauvage monotonie échevelée, rarement interrompue par quelque agglomération de cases plus ou moins misérables.

Nous eûmes plusieurs passages difficiles à franchir, entre autres celui de la Verma, qui donna beaucoup de mal à notre convoi. Nous passâmes à l'embouchure d'un vaste marigot qui s'étend dans les terres comme une petite mer couverte de brousses et de roseaux. Nous longeâmes ensuite le territoire du Guoy, petit État faisant partie de la grande tribu des Sarracolets. Cette tribu est disséminée jusqu'aux rives de la Falémé, qui vient se jeter dans le Sénégal au-dessous de Bakel.

Nous avions hâte d'arriver à Bakel, où le *Tamsit* devait laisser une partie de son convoi, c'est-à-dire ces lourds chalands chargés de charbon, qui retardaient tant notre marche. Enfin, nous passâmes devant Tuabo, village où le chef du Guoy fait sa résidence. On nous annonça alors que nous approchions de Bakel, mais nous mouillâmes encore ce soir-là sans l'apercevoir. Ce ne fut que le lendemain matin, après une ou deux heures de marche, que nous découvrîmes les hautes tours de la forteresse. Elles furent visibles deux heures au moins avant que le paquebot eût suivi le détour compliqué que fait le fleuve avant Bakel, et vînt se ranger près de la berge pierreuse de notre principale station du Sénégal.

Dès que le *Tamsit* eut jeté l'ancre, nous sautâmes avec empressement dans les embarcations. C'est toujours un grand plaisir pour des passagers d'aller se dégourdir un peu en terre ferme. Nous gravîmes donc

Poste de Bakel.

bientôt la pente près de laquelle le bâtiment de la station est construit. C'est l'escale la plus considérable de toutes celles qui bordent le cours du Sénégal, et il s'y fait un grand commerce en saison sèche : graines, gommes, arachides, plumes d'autruches, ivoire, or de Galam, abondent sur les marchés. Toutes les tribus environnantes s'y donnent rendez-vous pour y apporter leurs denrées et remporter en échange, dans leurs villages, quelques-uns de nos produits manufacturés, tels que couteaux, guinée bleue, miroirs, coraux, verroteries, etc. Souvent les pillards des tribus voisines s'embusquent pour dépouiller les caravanes; le pays se prête merveilleusement à ces coups de main, avec ses forêts, ses ravins, ses repaires de bandits en un mot.

Nous gravîmes la colline sur laquelle est construit le fort où la troupe est casernée ; c'est un beau bâtiment, datant, je crois, du commencement de ce siècle, mais récemment restauré et réunissant toutes les qualités de confort et d'hygiène que l'on puisse se procurer dans de telles régions. Au moment où nous allions pénétrer dans la cour, nous nous arrêtâmes soudain : un beau guépard ou chat-tigre du Sénégal en sortait tranquillement. Un soldat, qui venait à notre rencontre, se mit à rire en voyant notre surprise, et nous assura que ce prétendu animal féroce était parfaitement privé et sans aucune méchanceté.

« C'est notre planton, » dit-il.

Il le siffla, et le guépard revint auprès de lui comme un chien, nous laissant admirer son magnifique pelage d'un jaune éclatant, sillonné de larges raies transversales. C'est le tigre en plus petit, ou plutôt la panthère ; la férocité de cet animal est très connue, et je m'étonnai que l'échantillon que nous avions sous les yeux parût si inoffensif, bien qu'il fût déjà parvenu à toute sa croissance. Il était haut comme un gros chien d'arrêt, mais plus long, efflanqué, laissant traîner derrière lui sa longue queue avec des mouvements félins. Ses griffes et sa mâchoire avaient déjà une force très respectable.

En pénétrant dans la cour de la caserne, nous vîmes d'ailleurs que cette étrange sentinelle à quatre pattes n'était pas le seul échantillon de fauves qu'il y eût à Bakel : deux lionceaux de huit mois, gros comme des terre-neuve, se roulaient en jouant au soleil. Ils étaient excessivement jolis et se laissaient caresser docilement ; cependant, quelques jours auparavant, ils avaient presque coupé une des pattes de derrière du guépard, qui boitait encore fortement. Dans une tourelle, à un angle de la cour, deux autres lionceaux étaient enfermés. On avait dû récemment prendre cette précaution, parce qu'ils étaient devenus dangereux en grandissant et en prenant de la force. La nature reprend toujours ses droits chez les animaux féroces, soit un peu plus tôt, soit un peu plus tard. Je n'ai jamais ajouté une foi aveugle à l'histoire du lion d'Androclès, surtout maintenant que j'ai vu nombre d'exemples prouvant que la bête fauve reprend ses instincts naturels quand sa force se développe ou quand une occasion propice l'y invite. Quoi qu'on fasse, le singe sera toujours voleur, le lion

Types du haut Sénégal.

sanguinaire, le tigre féroce, la tourterelle inoffensive.

Les noirs des montagnes du Foutah viennent souvent vendre ainsi dans nos postes de jeunes bêtes féroces, que les officiers et soldats se plaisent à élever et à dresser tant qu'elles sont jeunes. Puis souvent on est forcé de leur donner la clef des champs ou de les abattre.

Bakel a une certaine étendue et un nombre assez respectable de maisons, de véritables maisons de pierre ou de briques ; quelques-unes laissent apercevoir, à l'intérieur, des comptoirs où des noirs, pour la plupart, vendent des marchandises européennes tirées de Saint-Louis. Nous y remarquâmes un café(!!) tenu par une robuste mûlatresse, où, sans doute, la garnison du fort vient se distraire. Cette marque irrécusable d'extrême civilisation est d'ailleurs la dernière que nous apercevrons en ce genre, car, après Bakel, nous retomberons dans la nature primitive jusqu'à Kayes, où l'occupation française est trop récente encore pour permettre un tel luxe.

Le terrain où Bakel est construit est accidenté et donne une certaine grâce au paysage. Çà et là un gigantesque tamarinier jette sur le sol sa masse d'ombre noire, faisant comme une énorme tache d'encre sous l'implacable soleil qui rayonne au centre de ce ciel des tropiques chauffé à blanc. Comme toujours, ces arbres sont le domicile de myriades d'oiseaux babillards, qui vous assourdissent de leurs piailleries, troublant seuls le grand silence de ces étranges villages africains qui, au milieu du jour, semblent être la résidence de la Belle au Bois Dormant.

Derrière le fort et les maisons se trouve la cité noire proprement dite, c'est-à-dire les cases en terre entourées de leurs clôtures de paille de mil où gloussent quelques poules maigres. Là il y a un peu plus d'animation, car la marmaille indigène y grouille à toute heure du jour, s'inquiétant peu du soleil et de la chaleur. Les *tornades* qui survenaient fréquemment semblaient augmenter et aviver encore cette chaleur, et, bien que ce soit un axiome de physique que l'évaporation produit le froid, je puis certifier que, sans doute pour confirmer la règle, l'exception existe sur la terre africaine. L'air chargé des évaporations pompées par le soleil, faisant l'effet de machine pneumatique, y devient parfois irrespirable, et il semble que la poitrine aspire des flammes. Ce n'est guère qu'au moment où éclate l'orage et où les torrents de pluie se précipitent, que l'on ressent une bienfaisante impression de fraîcheur; car, dès que la tornade est passée, le soleil reprend aussitôt son office et revient aspirer toute l'humidité que les nuages ont répandue sur le sol, tandis que les moustiques aspirent, de leur côté, tout le sang de vos veines, vous infligeant une torture inconnue.

Le *Tamsit* décrocha les amarres des trois pesants chalands qu'il remorquait depuis Saint-Louis, et notre convoi, composé seulement alors du paquebot et des deux fines goélettes, dit adieu à Bakel et s'élança vers Kayes.

Durant quelque temps encore, on est sur le territoire du Guoy, dépendant du cercle de Bakel; on aperçoit au loin, entre les échancrures des arbres, de longues chaînes de montagnes au sud, s'élevant au-dessus des rives plates du bassin du Sénégal; de nombreux marigots viennent se perdre dans le fleuve, abritant des familles d'hippopotames dont on entend les grognements sonores. De loin en loin nous entrevoyions des villages entourés d'une espèce de fortification en terre appelée *tata*. Les Sarracolets, les Malinkés et généralement presque toutes les tribus du haut fleuve et de l'intérieur usent de cette précaution pour leur sécurité. Cela prouve l'état d'hostilité presque continuelle où vivent ces populations. C'est pour eux l'histoire de notre moyen âge, où chaque ville, chaque hameau, chaque château, devait se prémunir contre des incursions, des coups de main, des pillages toujours probables. Le fleuve traverse la forêt de Goura, que l'on me signala comme le repaire habituel des flibustiers indigènes et surtout des Maures; c'est un passage funeste pour les paisibles caravanes qui viennent de l'intérieur pour se rendre soit à Bakel, soit aux autres escales du Sénégal. Tout récemment encore, durant la précédente saison sèche, au mois de mars, elle avait été le théâtre de nombreux conflits. Une caravane assez nombreuse se rendait à Bakel, lorsque, en passant devant un groupe de rochers amoncelés, elle fut soudain attaquée par des Maures qui s'y trouvaient en embuscade, guettant une proie; les bandits eurent bientôt mis en déroute les quelques hommes armés qui défendaient la caravane, et ils commençaient à se distribuer leur butin, ce qui ne se faisait pas avec beaucoup de décorum ni de modération, à ce qu'il faut croire. Tout à coup une troupe de noirs pillards tomba sur les Maures occupés de leur proie et, avant que ceux-ci eussent le temps de se reconnaître, se mit en devoir de confisquer à leur profit les richesses de la caravane. Une mêlée eut lieu, mêlée sérieuse où beaucoup de chaque parti restèrent sur la place; mais le résultat final fut toujours le même : la malheureuse caravane fut pillée sans miséricorde.

La hauteur des eaux, augmentée encore par de fréquentes tornades et par la multitude de torrents et de marigots qui viennent, en saison pluvieuse, déverser leur trop-plein dans le Sénégal, rendait souvent notre marche fort difficile, car notre paquebot était très pesamment chargé. Parfois, quand la nature découverte des berges le permettait, on était obligé, pour aider à notre hélice impuissante contre la violence des courants et des tourbillons, de haler le navire à la cordelle; dans ce cas, une trentaine de noirs descendaient à terre et s'attelaient à un fort câble lié au mât du *Tamsit*. On doit aisément se figurer les difficultés et les longueurs d'une semblable navigation. Je profitais presque toujours de ces circonstances pour descendre à terre avec les noirs et pour approvisionner de gibier la cuisine du bord, la lenteur de la marche du paquebot et les détours du fleuve me permettant de faire quelques pointes à une certaine distance de la rive. Une fois, entre autres, le *Tamsit* avait à doubler une longue et étroite langue de terre s'avançant dans l'eau à une grande distance comme un angle fort aigu, et nécessitant un circuit considérable, tandis qu'à pied on pouvait facilement la traverser à sa base en une ou deux minutes au plus. Le courant, resserré entre les berges hautes et étranglées, était d'une violence inouïe; on eût dit que l'eau, furieuse de l'obstacle qu'elle rencontrait, voulait le vaincre quand même et redoublait d'impétuosité, se précipitant en vagues pressées et écumeuses comme un troupeau de moutons qui, marchant d'abord à l'aise sur une large route, se voit forcé de passer tout à coup entre les montants resserrés d'une porte, et alors se pressent, se bousculent, montent les uns sur les autres.

Le paquebot talonnait, et l'hélice tournait à vide sous la fureur du courant. Il fallut d'abord détacher les goélettes, puis haler individuellement chaque bâtiment; ce travail demanda un long espace de temps. Je pus m'enfoncer un peu dans des bois très proches de la rive, et, comme toujours, ma gibecière fut bientôt garnie. Le noir qui m'accompagnait était cet amateur de chasse dont j'ai parlé plus haut; il avait son fusil et s'amusait à tirailler sur les singes. A un certain moment nous en aperçûmes une troupe s'ébattant sur l'herbe. Le noir envoya un coup de fusil dans le tas, et tous alors de s'éparpiller en poussant des cris et des grognements, et de gagner les branches des arbres. Un seul restait à terre, debout sur ses pattes de derrière et nous faisant face, tout en cherchant à s'enfuir à reculons; la pauvre bête, blessée, sans doute, faisait de grandes contorsions, de grands gestes de ses longs bras, des sauts de carpe, et semblait employer toute espèce de ruses pour nous échapper, mais sans jamais nous tourner le dos. Nous observâmes un instant ce manège avec étonnement, puis le noir, craignant de voir disparaître dans le fourré le singe, qui manœuvrait évidemment dans ce but, lui envoya un second coup qui le coucha à la renverse. Nous nous approchâmes tous deux de la victime, et mon étonnement fut grand en apercevant, cramponné au cadavre du mort, un autre singe tout petit, dont les yeux noirs, perçants et mobiles, nous regardaient avec effarement. Je me rendis compte alors du manège de la pauvre guenon, blessée du premier coup de feu, et qui, impuissante à fuir désormais, nous dissimulait si obstinément son dos, sur lequel elle portait son petit, qu'elle couvrait ainsi de son corps.

Je pris le petit singe, après m'être assuré que la guenon était morte, et je le rapportai à bord. Le capitaine, à qui je fis le récit de l'aventure, voulut adopter l'orphelin; la petite bête était fort jolie et fort intelligente; mais, soit qu'elle fût trop jeune pour être privée du lait de sa mère, soit qu'elle eût reçu quelque grain de plomb dans le corps, malgré tous les soins qu'on lui prodigua, elle mourut au bout de quelques jours.

IX

Un ou deux jours après avoir franchi le passage dont j'ai parlé, un peu après avoir dépassé le confluent de la Falémé, belle rivière qui vient se jeter dans le Sénégal, dont elle est un des principaux affluents, nous jetâmes l'ancre, un soir, après le coucher du soleil, non loin d'un village situé à une portée de fusil de la rive. Ce village était dans une situation charmante, entouré d'un rideau de verdure aux tons vigoureux, qui lui formait comme une fraîche enceinte semi-circulaire, tandis que le fleuve venait baigner et mordre les berges escarpées couvertes d'une luxuriante végétation aquatique simulant une vaste terrasse. Les noirs habitants étaient venus curieusement sur la rive examiner notre convoi, et tout porte à croire qu'il ne leur avait pas été souvent donné d'assister à un semblable spectacle, car ils gesticulaient avec beaucoup d'animation et poussaient de grandes clameurs d'étonnement. Peu à peu cependant le silence se rétablit, et quand la nuit fut tout à fait venue on n'entendait plus que quelques éclats de rire et quelques cris d'admiration, provoqués sans doute par nos fanaux de différentes couleurs. Je regrettai vivement alors de n'avoir pas à ma disposition les fusées que nous avions emportées, et qui se trouvaient arrimées à fond de cale avec le reste de nos bagages. Quels cris d'enthousiasme, de délire et de stupéfaction eussent attiré les splendeurs d'un feu d'artifice! Vous figurez-vous un pareil cadre? Un noble paquebot immobile sur les flots, escorté de ses deux fines goélettes comme un général de ses aides-de-camp; la nuit sans lune, où brillait seulement la multitude d'étoiles accrochées à un ciel d'un bleu sombre, et se mirant dans les flots clapotants qui faisaient danser leur image, la divisant, la pulvérisant pour ainsi dire en une pluie d'étincelles phosphorescentes; un horizon étroit, resserré par les arbres feuillus, noir à mesure que les yeux en parcouraient la courbe, si ce n'est à la large coupure que le fleuve lui faisait en amont et en aval, coupure qui semblait se rétrécir à la vue, jusqu'à n'être plus qu'un étroit passage se perdant dans une obscurité qui pouvait être la porte d'un abîme infernal... Et tout à coup une gerbe lumineuse s'élançant vers le ciel sombre, qu'elle eût semblé vouloir escalader, et répandant là-haut sa pluie d'étoiles aux éclatantes couleurs, rivalisant un instant avec les étoiles de Dieu et retombant lentement sur les arbres, sur les

Village sur les bords du Sénégal.

cases du village sauvage, après avoir éclairé, illuminé d'un éclat fulgurant le paquebot aux formes massives, les goélettes aux mâts élancés, à la coquette voilure, les rives, le ciel, tout, pour s'éteindre une à une et faire paraître l'obscurité plus profonde après cette radieuse fantasmagorie ! Toute la noire population se fût jetée le visage dans la poussière, croyant à l'arrivée d'une légion de sorciers, d'anges exterminateurs, de justiciers d'un autre monde, de génies tout-puissants... Je trépignais de colère de n'avoir pas songé à garder à ma portée ma petite caisse d'artifices.

« Eh bien, me dit le capitaine, pour vous dédommager de ne pouvoir nous faire passer pour des sorciers, voulez-vous aller, accompagné de Magaye, qui connaît le langage de ces Peaux-Noires, leur prouver que nous sommes de simples mortels, en leur demandant ce qu'ils pourront nous vendre de volailles ! Il faudra nous contenter de leurs poules maigres, puisque vous n'avez pu chasser depuis quelques jours. »

Il était environ dix heures du soir. Tout bruit avait cessé à terre : j'entends tout bruit humain, car les bruits solennels des nuits du désert résonnaient sourdement : cris de chacals, d'oiseaux de nuit, de bêtes nocturnes et amphibies, murmures d'insectes, bourdonnements de moustiques, bruissement des feuilles, clapotement de l'eau contre les flancs des navires, le tout formant une harmonie dont rien ne peut donner une idée, dont rien ne peut égaler la souveraine mélancolie.

Nous descendîmes dans un canot, et en quelques coups d'aviron nous fûmes à terre. La nuit nous parut encore plus noire lorsque nos yeux ne reposèrent plus sur l'eau, et il nous sembla entrer dans un four quand nous gravîmes à tâtons la berge escarpée. Peu à peu, cependant, nos regards se firent à l'obscurité, et nous nous dirigeâmes tant bien que mal, trébuchant souvent, vers les cases.

Aucune lumière n'était visible. La chaleur, montant de la terre surchauffée, était encore étouffante. En approchant des huttes, nous entendîmes le bruit de conversations; la population tout entière était rassemblée pour dormir à la belle étoile, sous un arbre gigantesque occupant à peu près le centre du village.

Tous les villages noirs ont ainsi un gros arbre autour duquel est laissé un espace libre qui figure une place. C'est sous son ombrage qu'on se réunit, qu'on cause, qu'on fume, qu'on assiste aux *tams-tams,* qu'on dort même fort souvent. La terre est foulée autour comme l'aire d'une grange, et les grosses racines, émergeant du sol, sont polies et luisantes à force d'être escaladées par toute la gent noire, grande et petite, mâle et femelle, qui s'y établit dans des poses plus ou moins pittoresques. Parfois, comme c'était le cas dans le village où nous

nous aventurions en ce moment, on dresse, à l'ombre de l'arbre protecteur, des espèces de hautes tables formées de planches grossièrement fendues, fixées sur de forts piquets, figurant assez bien des lits de camp, et hommes, femmes, enfants, couchent et dorment pêle-mêle là-dessus. C'est probablement une précaution pour éviter les reptiles et les insectes malfaisants.

Malgré la grande obscurité, nous fûmes immédiatement aperçus à notre entrée dans le village nègre. Nous entendîmes un grand mouvement sur le lit de camp, des cris étouffés de femmes, des rires d'enfants, des exclamations. Nous faisions sensation évidemment; je dirai plus justement : je faisais sensation, car on paraissait s'occuper peu de mon compagnon, tandis que je voyais tous ces noirs démons tourner autour de moi avec une intense curiosité; je les sentais plutôt, car ils se confondaient avec la nuit, et je ne pouvais apercevoir que des formes vagues s'agitant en prononçant des mots incompréhensibles pour moi. C'était une véritable représentation d'ombres chinoises, et il est certain que, s'ils avaient eu de mauvaises intentions, rien ne leur aurait été plus facile que de les mettre à exécution. Mais les pauvres gens n'en avaient certainement pas l'idée, et comme, selon toute probabilité, ils n'avaient jamais vu de blancs que de loin, sur les bateaux au milieu du fleuve, ils voulaient m'examiner de près, puisque le hasard amenait au milieu d'eux une semblable rareté en ma personne.

Magaye cependant avait expliqué le but de notre ambassade. Quelques hommes s'offrirent alors pour aller avec lui à la recherche des poules demandées.

« Attends-moi là, » me dit-il, en me désignant un des lits de camp que les dormeurs avaient abandonné pour m'entourer.

Je m'assis sur l'estrade élevée d'un mètre environ. Pendant notre colloque, les noirs avaient allumé un feu de broussailles, afin, sans doute, de mieux jouir de ma vue. Des jeunes filles s'étaient formées en groupe serré à quelque distance et me considéraient avec une stupéfaction risible, très voisine de la peur, je dois en convenir. La vue de mon individu semblait leur produire une impression beaucoup plus rapprochée de la frayeur que de l'admiration. Je tirai de ma poche ma blague à tabac et je me mis à rouler une cigarette. Les jeunes filles me regardaient procéder à cette simple opération avec le même étonnement que si j'eusse accompli des rites sacrés et mystérieux; les marmots, éveillés aussi, naturellement, me considéraient bouche béante, leurs yeux ronds écarquillés et braqués sur moi, ne perdant pas un de mes mouvements. Les filles, rassurées sans doute par mon air tranquille, s'enhardirent à se rapprocher un peu; à ce moment je sautai à bas de l'estrade pour aller prendre au foyer un charbon afin d'allumer ma cigarette. Un cri d'effroi partit de toutes les bouches, et filles et marmots s'éparpillèrent et s'enfuirent comme une volée de pigeons. Les hommes, plus graves et plus aguerris, n'avaient pas bougé et continuaient à me regarder, les uns assis par terre, les autres debout, ceux-là perchés sur les lits de camp. J'allumai paisiblement ma cigarette à un tison et restai debout auprès du feu. Alors, je vis revenir les filles petit à petit, s'avançant avec précaution, se cachant l'une derrière l'autre. Mon attitude inoffensive les rassura sans doute, car l'une d'elles se détacha du groupe, et s'approchant doucement, tout en se retournant presque à chaque pas vers ses compagnes pour leur faire admirer sa hardiesse, elle osa poser sa main sur mon bras. Je lui tendis la main en riant et, après un moment d'hésitation, elle la prit et la regarda avec attention; mais, à un mouvement que je fis pour ôter mon chapeau, elle recula vivement, puis revint auprès de moi, riant de sa frayeur. Voyant que mon voisinage n'était pas dangereux, les autres s'étaient rapprochées en tapinois. Les filles d'Ève sont partout les filles d'Ève : blanches, noires, jaunes, rouges, la curiosité est la même pour celles de toutes les races. Ma hardie fillette, fière d'avoir osé la première s'approcher de moi, engageait ses compagnes à en faire autant et, les prenant par le bras, les attirait de force, malgré leurs petits cris d'effroi, et les amenait près de moi; puis elle passait doucement une main sur mon épaule, sur mon dos, sur mon bras, comme on fait à un cheval dont on n'est pas bien sûr, pour montrer à un acheteur défiant qu'il ne rue pas. Je m'amusais de ce jeu et m'y prêtais complaisamment. Ma placidité commençait à rassurer tout à fait les négresses, quand j'aperçus Magaye qui revenait avec ses poulets. Alors j'étendis un bras brusquement, et je fis mine de saisir une des curieuses par le cou. La bande s'envola aussitôt, et je me trouvai seul, riant de tout mon cœur. Magaye aussi riait de la fuite précipitée du noir essaim, et, après avoir échangé quelques gestes amicaux avec les hommes, nous reprîmes le chemin du fleuve, où nous retrouvâmes notre embarcation.

Le pays était toujours d'un aspect sauvage. L'approche de Kayes ne lui donnait pas un air plus hospitalier; c'étaient presque toujours ces grands bois qui seraient une source presque inépuisable de richesses, si l'exploitation pouvait en être entreprise. Telle est l'incurie, le manque d'énergie, l'insouciance de la population, ou plutôt l'organisation évidemment défectueuse de l'administration coloniale, que, loin de profiter de ces dons naturels, on tire de France à grands frais tous les bois de construction, d'exploitation, nécessaires aux travaux du chemin de fer du haut fleuve, quand on se trouve au milieu de forêts séculaires qui renferment les essences les meilleures et les plus dures. Les briques mêmes qu'on emploie pour la construction des quelques bâtiments existants, caserne, magasins, hôpital, viennent de France, et l'on possède un sol argileux dont les noirs font d'excellentes poteries. Les planches pour les baraquements viennent aussi de France; tout, en un mot, est dû à la mère patrie, qui prodigue les produits de son sol épuisé à une colonie incomparablement plus riche qu'elle sous ce rapport. Il est possible que l'avenir nous dédommage de ces immenses sacrifices, mais il est certain que cet avenir est bien éloigné et que nos descendants seuls auront chance de profiter de ces dédommagements.

Çà et là, dans les grands bois, on apercevait quelque case isolée de ces noirs de la tribu des Laobès, qui, Auvergnats du Sénégal, se répandent un peu partout pour se livrer au travail. Ils sont généralement fabricants d'objets en bois, tels que mortiers, pilons pour écraser le mil, pirogues taillées dans un seul arbre. Je les ai regardés plusieurs fois se livrer à leur industrie, et l'on est étonné de l'habileté de ces noirs, vu le peu d'outils grossiers dont ils disposent. On pourrait presque dire qu'ils font tout au couteau. Les pirogues, surtout, sont remarquablement taillées, et façonnées pour manœuvrer facilement sur les cours d'eau capricieux de ces contrées. Les Laobès n'ont d'autres rapports avec leurs congénères que ceux que nécessitent l'échange et le trafic des produits de leur industrie. Ainsi que dans presque tous les pays primitifs et méridionaux, les pays où les besoins sont restreints par suite de la richesse et de la clémence naturelles du climat, les Laobès sont méprisés et dédaignés par les autres tribus, qui regardent comme une dégradation le travail manuel; ils se marient entre eux et, par suite de leurs habitudes laborieuses, sont les plus riches de tout le Sénégal.

X

Le 28 août 1883, après une navigation fluviale de vingt jours, nous arrivâmes enfin à Kayes.

Il était environ midi quand le *Tamsit* jeta l'ancre devant Kayes. Un vieux ponton sert de quai de débarquement. Je sautai aussitôt à terre et, tandis que M... s'occupait des bagages, j'allai explorer le pays, à la recherche d'un gîte. J'étais peu inquiet sur le résultat presque improbable de mes recherches, car nous avions avec nous tout un matériel de campement et, dans le cas où je n'aurais pas trouvé de case, nous aurions dressé notre tente n'importe où. Mais le Dieu des voyageurs veillait sur nous évidemment, car à peine fus-je arrivé sur l'espèce de place du village, que j'eus la chance de m'adresser à un noir à l'air fort intelligent, et qui parlait assez bien le français.

« Y aurait-il moyen de trouver ici une case à louer ou à acheter? lui demandai-je à tout hasard.

— Là! » dit-il en me montrant la case contiguë à la sienne, et faisant face à la place.

C'était une bonne fortune; car on souffre beaucoups moins de la chaleur sous le toit de chaume et entre les murailles de terre d'une case, que sous la simple toile d'une tente; puis on est à peu près à l'abri des tornades; de plus, cette case était très bien située, et avait le grand avantage pour nous de n'être pas perdue au milieu du dédale étroit de ruelles circulant autour de l'agglomération des autres huttes qui se pressent l'une contre l'autre comme des ruches à miel; nous avions devant nous l'air et l'espace, le fleuve à cent pas, et en face les bâtiments, ou plutôt l'unique bâtiment servant de logement aux officiers du poste, d'hôpital pour les malades et, au rez-de-chaussée, de magasin pour les provisions de la garnison, logée plus loin dans des baraquements en planches.

Ma prise de possession fut des plus simples. Je me fis ouvrir la case par le voisin; elle était très propre. Elle avait été occupée récemment par un traitant de Médine, et quelques tablettes en garnissaient encore l'intérieur. Les murs en pisé (mélange de terre et de paille broyée) en étaient naturellement nus; les poteaux qui soutenaient la couverture étaient rongés par les termites, une des plaies du Sénégal; mais, somme toute, nous avions un abri solide contre le soleil et les averses. Peut-être quelque couvée de reptiles était-elle nichée dans le chaume de la toiture, comme cela arrive souvent;

Village sur les bords du Sénégal.

mais, pour le moment, je n'en découvris pas la moindre trace, et je revins enchanté annoncer à M... ma trouvaille.

Nos marchandises étant déjà débarquées sur le sable du rivage, nous nous occupâmes de les faire transporter dans notre case.

Je fis signe à des laptots, ou noirs portefaix, et j'embrigadai quatre d'entre eux à cet effet. Tandis que M... restait à la garde de notre bien, j'accompagnai les nègres à la case, dont je fermai ensuite la porte avec un cadenas pour revenir chercher d'autres colis. Ce ne fut pas une mince affaire que d'amener nos caisses à bon port; les noirs sont généralement propres à peu de choses, mais il semblait que ceux-ci enchérissent encore sur leurs semblables. A chaque instant ils laissaient tomber mes caisses lourdement; fort heureusement, le sol était sablonneux, et les emballages, faits en vue d'un long voyage, étaient solides. Enfin, après de nombreux incidents dus à l'indolence normale des porteurs, notre bagage fut installé dans la case. Il s'agissait maintenant de déballer.

Cela fut bientôt fait. Marteau en main, nous fîmes sauter les couvercles des caisses ; nous plantâmes des étançons dans le mur en terre de notre case et y posâmes des tablettes faites des planches de nos caisses démolies, sur lesquelles nous déposâmes une partie de nos bibelots, couteaux, poignards, miroirs, boîtes à musique, colliers de verroterie, etc., tout l'attirail enfin destiné à séduire et flatter ces grands enfants qu'on nomme des nègres. Puis nous déballâmes nos lits de campement, nos pliants, notre batterie de cuisine, et avant que notre installation fût terminée, nous étions entourés d'une grande partie de la population.

A peine les noirs nous donnaient-ils le temps d'ouvrir nos caisses qu'ils nous demandaient aussitôt ce qu'il y avait dedans. Notre provision de biscuit et de poudre de chasse excitait surtout leurs convoitises. Le biscuit est une friandise suprême chez les noirs, et la poudre une marchandise très rare et très difficile à se procurer dans les contrées lointaines de l'intérieur. Nous refusâmes absolument de nous défaire de ces deux denrées de première nécessité pour nous, et, pour adoucir notre refus, nous fîmes quelques petits cadeaux d'articles de Paris, qui ravirent nos visiteurs; puis nous leur fîmes comprendre que nous étions fatigués, que nous désirions nous reposer, et que nous remettions les affaires au lendemain. Notre voisin, celui qui m'avait désigné la case que nous occupions, parlait français et traduisit nos paroles à ses compatriotes, qui se retirèrent sans mot dire. Ce noir était un homme véritablement charmant; il nous a rendu mille services durant notre séjour à Kayes, nous donnant des renseignements, des indications, nous servant d'interprète, nous amenant de riches traitants noirs des pays environnants et même d'endroits fort éloignés, pour acheter ou échanger avec nous des marchandises, et cela sans avoir jamais voulu rien accepter en payement. Traitant lui-même et occupant la case auprès de la nôtre, il quittait son chez lui dès qu'il voyait entrer des noirs chez nous, pensant que nous pourrions être embarrassés, et venait nous aider dans nos transactions, se retirant dès qu'il voyait que sa présence n'était plus utile. Bien des blancs civilisés n'auraient pas eu la politesse, la retenue, la discrétion et surtout l'obligeance inépuisable et désintéressée de ce demi-sauvage. Il nous acheta lui-même bien des choses et paya correctement. Je ne puis m'expliquer où ces noirs récoltent les espèces monnayées qu'ils possèdent; mais j'en ai vu faire des achats de trois, quatre ou cinq cents francs, payés en pièces de cinq francs d'argent, sans que cela eût l'air de les gêner le moins du monde. Il faut faire observer que la plupart étaient des traitants, qui revendaient plus loin en détail ce qu'ils nous achetaient en gros.

Enfin, le soir venu, notre souper sommaire absorbé, nous nous étendîmes sur nos lits de camp, et pour la première fois de ma vie je reposai sous le toit de chaume de mil d'une case indigène. J'étais très fatigué, mais je tardai cependant à m'endormir. Notre demeure était double, c'est-à-dire qu'une muraille en terre la séparait d'une autre case construite derrière et placée sous le même toit ; cette muraille ne s'élevait qu'à une hauteur de quatre à cinq pieds et se continuait ensuite en une sorte de natte ou de rideau de paille. J'entendais comme si j'y eusse été le bruit de la conversation des voisins, et surtout le frais et gai babil de toute une troupe d'enfants. Leurs rires sonores, leurs cris de joie, me rappelaient d'autres enfants, les miens, au point de me faire presque illusion, et, dans l'obscurité, une sorte de songe éveillé me représentait ces chers petits absents si loin, là-bas, derrière l'Atlantique, à quinze cents lieues de moi.

Le lendemain, au point du jour, nous étions debout. A peine la porte fut-elle ouverte que nous fûmes salués par le bonjour amical de notre voisin, déjà accroupi devant sa case.

Il nous fallait pourvoir à notre déjeuner. Pour moi, ancien soldat, ayant fait la triste guerre de 1870, je n'eus qu'à me remémorer les anciennes habitudes de campagne. M... était naturellement beaucoup plus novice en l'espèce, comme on dit en termes de droit; aussi pris-je la haute direction de la cuisine, surtout lorsque je l'eus vu, pour installer notre feu, faire une butte de sable, contre laquelle il appuyait les débris de nos caisses, qu'il prétendait allumer ainsi.

« O citadin! dis-je en le voyant pester devant

l'inanité de ses efforts. Laissez-moi le soin du feu, et contentez-vous de plumer les volatiles que je vous apporterai. »

Je pris notre pioche, car nous avions tout l'attirail nécessaire à un campement, et j'entaillai en terre un trou que je garnis de quelques pierres; puis sur ce trou je plaçai quelques brins de paille d'emballage, de menus morceaux de planches, et quelques minutes après une joyeuse flamme s'élevait de mon foyer. Combien de foyers semblables n'avions-nous pas faits durant la guerre, sous la pluie et la neige, où il fallait faire flamber du bois vert et mouillé au milieu de terres détrempées par la pluie et le piétinement des armées! Ici, le soleil seul eût été capable de l'allumer, et c'était plaisir de voir les minces planches de sapin se transformer en charbons ardents. Notre casserole fut placée dessus, avec une boîte de conserve de viande, et, tandis que M... veillait à ce qu'il n'y arrivât pas d'accident, j'allai au Sénégal, à cent pas de notre case, faire remplir par un noir que j'avais raccolé nos seaux de toile imperméable.

Il est important de conserver sa dignité de blanc et de se faire servir le plus possible. Un Européen doit ne rien porter lui-même, et se faire escorter, pour la moindre commission, d'un ou deux noirs qui, d'ailleurs, ne se fatiguent pas non plus, car ils ont bientôt appelé un ou deux camarades à l'aide, pour peu qu'ils jugent le fardeau trop lourd ou trop embarrassant. En conséquence de ce principe, nous embauchâmes un négrillon de quatorze à quinze ans pour faire nos commissions et laver notre vaisselle; mais le drôle était d'une paresse et d'une gaucherie extrêmes. Quand nous l'envoyions faire une commission, il demeurait des heures absent, à vagabonder sans doute avec ses pareils, et ne revenait que lorsqu'il sentait le moment des repas. Quand nous lui ordonnions d'aller nous chercher de l'eau au fleuve, il se mettait à se baigner, se laver, s'ébattre dans l'eau, jusqu'à ce qu'un de nous, impatienté d'attendre, allât le querir d'autorité; quand nous lui faisions laver les quelques ustensiles dont on s'était servi, il s'y prenait avec tant de maladresse, de nonchalance, et le résultat était si pitoyable, qu'on l'envoyait promener en jurant, et qu'il y allait aussitôt en gambadant. Un des singes cynocéphales que nous entendions aboyer dans les grands arbres de la forêt nous eût rendu autant de services que ce bipède non ruminant, mais toujours mangeant. Aussi, après quelques jours d'essai et de patience, voyant qu'il n'était décidément bon à rien, nous le congédiâmes une fois pour toutes, lui faisant comprendre qu'il n'y avait plus à manger pour lui. Nous nous contentâmes désormais d'une sorte de femme de ménage en la personne d'un grand et robuste noir ou laptot, employé aux travaux de terrassement du chemin de fer. Il habitait une case proche de la nôtre, dans le groupe placé derrière nous. Tous les matins, avant de partir pour le travail, et tous les soirs en revenant, il entrait dans notre case avec sa noire figure riante et, prenant nos seaux, il allait au fleuve renouveler notre provision d'eau. Il se chargeait de faire laver notre linge, qu'il nous rapportait intégralement; il nous faisait apporter du lait et du beurre; en un mot, il nous rendit, lui aussi, mille petits services qui nous furent fort utiles; et ce qu'il y a de plus remarquable, c'est qu'il refusa tout payement; il ne voulut accepter qu'un ou deux verres de bitter, dont M... avait apporté une bouteille. C'est dire que ce noir n'était pas un croyant; il n'était pas de Kayes et avait beaucoup voyagé sur les côtes d'Afrique; il parlait tant soit peu le français, et en semblait très fier.

Donc, dès le lendemain de notre arrivée, à peine eûmes-nous expédié notre déjeuner que notre case fut envahie par une foule de noirs qui venaient voir les merveilles que les *toubabs* (blancs) apportaient des pays lointains. A peine nous laissaient-ils le loisir d'ouvrir nos caisses, nos paquets, tant était grande leur curiosité. Ils regardaient, examinaient, retournaient les objets sous toutes les faces. Les grands couteaux en forme de poignard, les boîtes à musique, les miroirs, les flacons d'odeurs, leur plaisaient par-dessus tout. Souvent notre case était pleine à ne pouvoir plus se mouvoir. Ils s'accroupissaient serrés les uns contre les autres, et leurs yeux intelligents se fixaient alternativement sur tous les objets qui formaient notre pacotille. Puis, quand ils avaient ainsi fait silencieusement leur choix, ils désignaient du doigt l'objet convoité en montrant leur argent, — presque toujours des pièces de cinq francs, — afin qu'on leur en dît le prix. Si ce prix leur convenait ou était en rapport avec leur bourse, ils payaient sans rien dire et emportaient l'objet. S'ils le trouvaient trop cher, ils ne disaient mot et reposaient ce qu'ils avaient désiré là où ils l'avaient pris, et se remettaient à leur examen. S'ils désiraient acquérir quelque chose dont le prix dépassait l'argent qu'ils avaient sur eux, ils jetaient sur l'objet une, deux ou trois pièces de cinq francs, selon la valeur, et, faisant signe qu'ils l'achetaient et qu'on le leur mît de côté, ils s'en allaient chercher le surplus du prix. Il est probable qu'il leur fallait parfois aller bien loin chercher l'argent, car j'en ai vu ne revenir qu'après un ou deux jours. Un Maure, entre autres, nous avait ainsi retenu un *boubou* qui paraissait le flatter beaucoup et sur lequel il avait déposé dix francs. Le prix total était de vingt. Il fut deux grands jours absent, et nous commencions à croire qu'il ne reviendrait pas, quand il apparut, le soir du troisième jour, à la porte de notre case, au moment où nous allions nous enfermer pour dormir.

Il jeta les dix autres francs sur le lit et prit le boubou d'un air triomphant. Ce n'était pas du luxe, car celui qu'il avait tombait en loques. Notre Maure semblait avoir fourni une longue course pour aller à la recherche de ses deux pièces de cent sous. Peut-être était-il allé aider à détrousser une caravane pour se les procurer.

XI

Kayes a une physionomie particulière qui le distingue des autres villages indigènes. Soit que, par suite des travaux en cours d'exécution et qui attirent un certain nombre d'ouvriers étrangers, il manque d'homogénéité, soit que la présence du personnel blanc dirigeant ces travaux en impose aux coutumes des habitants, soit toute autre raison, toujours est-il qu'ils ont moins d'entrain, de gaieté, de laisser aller que les autres autochtones. Cependant cette dernière supposition ne peut être la raison de leur tranquillité, car à Saint-Louis même la présence des blancs en grande quantité n'empêche pas les noirs de se livrer à toutes les manifestations extérieures de leur gaieté et à toute l'exubérance de leur caractère enfantin. Combien de fois n'ai-je pas vu des griots parcourir les rues en psalmodiant leurs mélopées et en grattant leur informe guitare au son monotone! Combien de fois n'ai-je pas vu des *tam-tams* s'établir dans les carrefours, au coin d'une place, dans les rues, même jusque sous les fenêtres de l'hôpital, où certainement leur vacarme infernal était loin de satisfaire les malades ! Le noir adore le bruit, le mouvement, la danse, et n'a pas besoin de grandes sollicitations pour se livrer à ce penchant aimé. Nous prenions souvent plaisir, durant le temps de notre passage sur le *Tamsit*, à mettre en branle tout un village. Quand nous apercevions la population entière d'un de ceux-ci rassemblée sur la rive pour voir passer le convoi, le second du paquebot, jeune Bordelais fort gai, — ou votre serviteur, à l'occasion, je l'avoue à la honte de ma gravité, — exécutait brillamment quelques figures chorégraphiques, qui n'auraient peut-être pas été très goûtées dans un salon et où le geste et le mouvement ne péchaient pas par la sobriété, je dois le dire ; aussitôt, tous les noirs, flattés par ce spectacle pittoresque, se mettaient à sauter, à danser, à cabrioler comme des singes, tandis que les femmes frappaient frénétiquement dans leurs mains en cadence, en poussant des cris de joie et des éclats de rire dont nous entendions encore les clameurs longtemps après que le paquebot était hors de vue, laissant tout le village en joie. Maintes fois nous avons renouvelé cette farce, sans jamais rencontrer de récalcitrants. Les Maures mêmes, plus graves et plus froids que les nègres, ne résistèrent pas à l'expérience, quand nous songeâmes à la tenter sur eux ; et s'ils ne se mirent pas enbranle comme les noirs, ils battirent des mains en criant joyeusement et en nous invitant par leurs gestes à continuer. On riait bien à bord de ces représentations, qui interrompaient de temps en temps la monotonie de la traversée.

A Kayes, rien de tout cela; calme plat matin et soir, jour et nuit. Quelques instants après le coucher du soleil, le silence envahit tout le village. Souvent, le soir, je me promenais parmi les cases. Il semble qu'on parcourt une étrange nécropole : pas un bruit, pas une lumière; parfois une ombre noire se glissait silencieusement, pareille à un fantôme, entre les clôtures de paille qui enserrent les groupes de cases, et disparaissait dans une étroite ouverture. M... me grondait souvent au sujet de ces promenades nocturnes, objectant, ce qui était vrai, que rien n'était plus facile que de me faire passer de vie à trépas dans le coin d'une case et de me jeter ensuite au Sénégal, où les caïmans se seraient promptement chargés de faire disparaître mon cadavre; mais je dois dire hautement que je n'aperçus jamais la moindre chose qui pût donner lieu à soupçonner aucun des habitants d'avoir la moindre velléité d'hostilité. Au contraire, chaque fois que, soit dans le village, soit à la chasse aux alentours, lorsque j'allais en quête d'un dîner ou d'un déjeuner, il m'arrivait de rencontrer un naturel, il s'empressait de me faire place, et, si c'était un érudit, un lettré, un civilisé, de me dire fièrement : « Bonjour ! » Pour la grande quantité, c'est tout ce qu'ils savent de français ; aussi sont-ils très glorieux et très satisfaits de montrer à un blanc leur savoir, et bien plus satisfaits encore quand le blanc répond à leur salut. Je n'y manquais

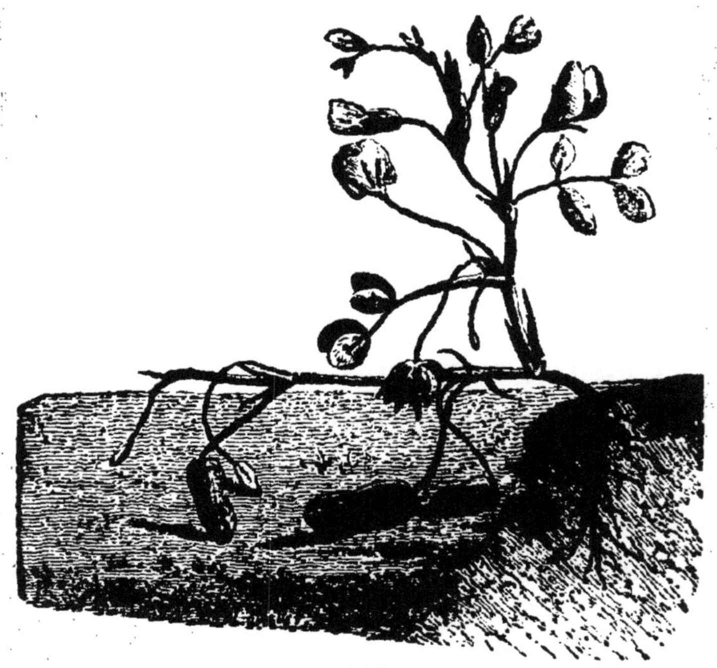

Arachides.

pas et répondais plutôt trois fois qu'une ; parfois même, quand leur figure me plaisait, je leur tendais la main et la leur secouais cordialement, leur laissant examiner mon fusil, mon revolver, mes bottes ou n'importe quelle autre pièce de mon équipement. Je leur demandais quelques renseignements par signe, soit sur la contrée où je me trouvais, soit sur le gibier qui la peuplait, et ils faisaient de leur mieux pour me satisfaire. Comme mon projet avait toujours été de me livrer à mon goût pour la chasse, je me procurais, à toute occasion, des données et des aperçus, et je cherchais à me faire des amis pour mes agissements futurs.

Souvent, la nuit, couchés sur nos lits de campement, où les termites, remplaçant les moustiques du fleuve, nous empêchaient de dormir, nous entendions les glapissements des hyènes et des chacals, qui viennent jusque dans le village à la recherche de quelque proie. Plusieurs fois je me levai et sortis avec mon fusil pour tâcher de surprendre quelqu'un de ces sinistres noctambules ; mais mes tentatives furent vaines, et je revins toujours bredouille de ces excursions.

Fort heureusement pour la cuisine, il n'en était pas de même lorsque, laissant M... aux prises avec nes noirs clients, j'allais faire une tournée aux environs afin de garnir le garde-manger. Bien que les alentours de Kayes soient beaucoup moins giboyeux que les contrées que nous avions traversées pour y venir, j'avais bientôt fait provision de tourterelles, de ramiers ou plutôt de palombes, car ces oiseaux sont généralement plus gros que nos ramiers ordinaires, et d'autres oiseaux dont j'ignore le nom, mais que nous trouvions fort bons ; il y a aussi beaucoup de perroquets de différentes sortes et au plumage peu éclatant ; mais c'est un assez piètre manger, et, une fois que nous en eûmes fait l'expérience, je leur fis grâce de la vie. Les produits de ma chasse étaient pour nous d'un grand secours, car les conserves ne sont appréciables qu'en cas de famine ; et bien qu'il y eût à Kayes ce qu'on est convenu d'appeler un marché, on n'y trouve rien de ce qu'il faut pour se sustenter convenablement. On y vend cependant de la viande de mouton ! des poulets, des œufs, des arachides ; mais quel mouton ! quels poulets ! quels œufs !... Le mouton, notamment, y est d'une maigreur affreuse ; la viande en est flasque, pleine de nerfs et de tendons, mais sans le moindre soupçon de graisse ; là les moutons ont des pattes, mais point de gigots. Les bouchers, — des Maures généralement, qui sans doute ont été piller ces malheureux moutons à de grandes distances, d'où ils les ont peut-être ramenés au pas de course, ce qui peut avoir contribué à faire fondre leur graisse, si jamais ils en ont eu, — les bouchers étalent leur viande devant eux, sans la moindre précaution. Ils n'ont ni balance, naturellement, ni mesure d'aucune sorte ; vous prenez un morceau quelconque et vous en débattez le prix. Les noirs font presque toujours cuire le mouton, coupé par minces lanières et boucané le plus souvent, avec du riz. La cuisson à grande eau l'attendrit un peu. Du reste, il n'y a rien qui rebute une mâchoire nègre.

Quant aux poulets de Kayes, je ne saurais dire de quelle race ils descendent, ni avec quoi ils sont nourris ; car l'absence d'embonpoint qui distingue les moutons est imitée par eux avec une parfaite exactitude, et ils sont gros comme ces petits poulets nains qu'on voit en France dans nos basses-cours d'agrément. Les œufs, par conséquent, ont le volume des œufs de pigeons et, soit que les poules pondent peu, soit que ces œufs soient dévorés par toute la nuée d'animaux rongeurs, voleurs et pillards, qui pullulent nécessairement dans ces solitudes, ils sont hors de prix.

L'arachide est une espèce de petite amande oléagineuse ayant un peu le goût de la noisette ; cela, en tout cas, ne peut servir de nourriture. Nous fûmes tout étonnés de voir du beurre à Kayes. Les femmes le font dans leurs grandes calebasses, où elles le laissent nager en boules grosses comme le poing dans le petit-lait. Ce fut une joie et un régal pour nous que ce beurre, qui nous sembla fort bon, ma foi ! Une vieille femme prit l'habitude de venir souvent nous en offrir dans notre case, ainsi que du lait frais. Les noirs préfèrent le lait caillé, sans doute parce que le goût d'aigre qu'il prend alors le rend plus rafraîchissant.

Les femmes de Kayes se montraient fort peu durant le jour ; vers le soir seulement, nous voyions quelques jeunes filles se promener en groupes sur la place où est située notre case. Leur coiffure est originale et ne manque pas d'une certaine grâce ; elle est formée par leurs cheveux crépus, relevés sur le sommet de la tête et formant une espèce de cimier assez semblable à la grosse chenille des anciens casques de pompiers. Les tempes sont rasées soigneusement, découvrant des oreilles dont les lobes, chargés de verroterie, tombent fort bas et s'agitent au moindre mouvement comme des oreilles de chien, surtout chez les vieilles femmes. Je crois avoir déjà dit que, non contentes de s'allonger ainsi les oreilles, elles se les percent tout autour. Les jours de gala, on les entoure ainsi de bijoux, de verroterie ou de pièces de monnaie ; les jours ordinaires, afin, sans doute, que les trous ne se bouchent pas, elles y introduisent de petits brins de paille ou, plus souvent, de petites plumes fines et recourbées, qui font un étrange éventail de chaque côté de leurs joues.

J'ai vu pourtant quelques jeunes filles à la figure agréable et assez régulière ; leurs formes, quoique généralement grêles, sont assez gracieuses ; mais rien ne saurait donner une idée de la laideur des vieilles femmes.

C'est une rude vie, il faut le dire, que celle de la femme noire ; dès le matin, deux ou trois heures avant le jour, elle est debout, pilant dans un haut mortier de bois, formé d'un tronc d'arbre creusé, le mil dont elle doit faire le couscous journalier ; elle manie avec une vigueur surprenante le lourd pilon de bois de fer ; la sueur ruiselle sur son corps comme la pluie un jour d'orage. Durant ce pénible travail elle n'a, pour tout vêtement, qu'un étroit pagne de guinée, lui ceignant les reins. Pendant la saison des récoltes, c'est elle qui est la bête de somme ; elle rapporte sur sa tête des charges à écraser un Européen. Leur adresse pour porter des fardeaux sur la tête est incroyable ; à peine est-il posé qu'il est en équilibre et qu'il se maintient comme s'il était attaché. Dans beaucoup de tribus, ce sont les femmes qui construisent les cases, ou tout au moins les toitures en chaume, les clôtures en paille de mil ou de maïs, et qui les dressent, les assujettissent. Leurs maris d'ailleurs les mènent rudement, et ne se font aucun scrupule de les tuer ou de les vendre quand ils ont à se plaindre d'elles.

XII

Kayes a toutefois une physionomie particulière. Dans ce village africain, dont l'occupation française fait actuellement une sorte de caravansérail, viennent se fusionner momentanément toutes les tribus environnantes; des noirs y accourent même de fort loin, attirés soit par la curiosité, soit par l'appât du gain, car leurs misérables denrées s'y vendent beaucoup plus cher qu'ailleurs, surtout au moment des grands travaux. Les uns arrivent donc la tête chargée de fardeaux quand ils sont seuls, les bras ballants ou portant leurs armes quand ils sont accompagnés de leurs femmes, car j'ai déjà dit que la femme est la bête de somme. Le plus souvent, outre la charge pesante qu'elle a sur la tête, elle porte encore un jeune enfant attaché sur ses reins dans les plis d'un pagne. Elles portent ainsi partout leurs petits enfants, et j'en ai même vu les garder derrière leur dos en lavant leur linge, accroupies près du fleuve à l'ardeur brûlante du soleil sénégalais. Il faut que ces petits êtres soient pourvus d'un crâne dont la boîte osseuse est à l'épreuve du feu, pour ne pas périr d'insolation. En voyant ces petites têtes noires osciller de droite et de gauche aux mouvements de la mère qui leur servait de berceau, je les comparais involontairement à nos bébés, que des mères attentives entourent de tant de soins; je revoyais les élégantes bercelonnettes aux blancs rideaux où elles déposent avec tant de précautions les petits anges endormis, veillant à ce qu'aucun courant d'air, aucune mouche indiscrète, aucun bruit, ne vienne troubler leur paisible sommeil. Je songeais à ce contraste, et je me demandais lequel des deux systèmes fait les hommes les plus robustes. Évidemment, l'avantage est en faveur du système noir; il s'agit seulement de savoir quelle est la proportion de la mortalité chez les enfants des deux races.

A côté des noirs commerçants, trafiquants, c'est-à-dire apportant quelque chose au marché, vous voyez le noir guerrier, portant fièrement ses armes : le Bambara, avec sa longue lance, son sabre au fourreau enjolivé, le Ouolof, le Kassinkais, le Malinké, le Sarracolet, avec leurs fusils qu'ils portent toujours le canon en bas, la crosse sur l'épaule. Leurs cous sont ornés de colliers, leurs poitrines sont couvertes de sacs de cuir où ils renferment leur tabac, leur argent, leurs amulettes; leurs bras sont entourés de gris-gris en cuir ou en chiffons; leurs poignets supportent des bracelets. Les uns ont la tête entourée de mouchoirs aux couleurs voyantes, d'où s'échappent des rangs de perles ou des pièces de monnaie enfilées; d'autres, les Bambaras principalement, portent une sorte de bonnet blanc fait à peu près comme les bonnets de nuit des vieilles

Types bambaras.

femmes de la campagne, et dont ils relèvent les oreilles en arrière; cela leur donne l'air d'affreuses sorcières; d'autres encore se couvrent le chef de chapeaux de jonc tressés artistement; les pointes de ces joncs, ramenées en touffe sur la calotte du chapeau, forment une sorte de pompon ou panache fort original. Tous ces hommes se promènent gravement et comme profondément convaincus de leur importance. On ne les verra jamais ni courir, ni se retourner, ni faire un geste un peu brusque ; ils gardent une allure majestueusement imperturbable, imprimant à toute leur personne une sorte de balancement cadencé et un peu théâtral.

A côté des noirs, mais ne se mêlant pas avec eux, se montrent les Maures au teint basané, aux grands yeux fendus en amandes, aux traits réguliers, corrects, mais au regard cauteleux, sauvage, à l'air farouche. Leurs longs cheveux noirs mal peignés tombent en broussailles tout autour de leur tête. Généralement ils sont plus vêtus que les noirs, c'est-à-dire qu'ils portent toujours un boubou, — le plus souvent en lambeaux, il est vrai, — tandis qu'il n'y a guère que le noir riche, le noir d'importance, qui se permette le luxe de ce genre de vêtement. Les autres se contentent le plus souvent d'un pagne fort écourté et de quelques guenilles. La nudité d'ailleurs n'a pour eux rien de choquant, et il faut dire qu'on s'habitue promptement à n'y plus faire attention non plus. Je crois pourtant que la couleur de leur peau contribue beaucoup pour nous à rendre cette nudité moins repoussante : il semble que ce noir soit une sorte de vêtement. Les hommes sont généralement forts, grands, robustes, musculeux ; je n'en ai jamais vu d'obèses, bien que les enfants aient tous des ventres proéminents et rebondis. Ils sont d'une extrême agilité et excellents marcheurs. Ils entreprennent à pied des voyages prodigieux; j'en ai vu qui venaient de Bammako, Ségou, sur le Niger, et même de contrées plus éloignées encore. Ils mettent des mois à ces excursions; mais comme le temps n'existe pas pour eux, peu leur importe. Parfois ils sont seuls; d'autres fois deux ou trois familles se réunissent. Alors ce sont les femmes qui portent les quelques ustensiles de ménage nécessaires. Ce sont elles qui, en arrivant à la halte, se hâtent d'allumer du feu, d'aller puiser de l'eau, de piler le mil nécessaire à la préparation du couscous. Pendant ce temps, s'il ne chasse pas, l'homme se couche, fume ou dort. Quand il s'est assez reposé, il se lève et repart, sans s'inquiéter si les femmes ont eu le temps de se délasser un peu. Celles-ci, reposées ou non, rechargent sur leur dos et sur leur tête chaudron, mortier, pilon, provisions, enfants, et se mettent en silence à la suite du souverain seigneur, sans jamais se permettre de marcher de front avec lui ni de lui adresser la parole pour une observation. Si une rivière, un torrent, un marigot se trouve sur leur route, hommes, femmes, enfants, le traversent à gué ou à la nage, mettant les bagages sur leurs têtes, sans s'inquiéter des caïmans, qui, cependant, font souvent des victimes.

Il y a à Kayes un quartier entier de cases situées sur le bord du fleuve, sous de grands arbres, habité par des Maures. On m'avait prévenu de ne pas m'y aventurer, car ces Maures sont partout pillards et vindicatifs et inspirent fort peu de confiance. Malgré cette recommandation, — ou plutôt à cause de cette recommandation, — j'allai plusieurs fois y flâner le soir, d'autant plus volontiers que c'était par là seulement qu'on avait un peu d'ombre et de fraîcheur, et je n'y aperçus jamais rien de suspect. Il m'arrivait pourtant le plus souvent de n'être pas armé; mais il est certain que le voisinage de la petite garnison tient en respect les malintentionnés.

Cette garnison se composait alors d'une compagnie environ de tirailleurs sénégalais et de quelques officiers et soldats d'infanterie de marine. Ces tirailleurs sont des noirs indigènes, des Ouolofs particulièrement; ils sont de très bons soldats et rendent de grands services; car, habitués au climat, ils n'en souffrent pas et supportent impunément les fatigues qui tuent nos hommes. Beaucoup ont la médaille militaire, et les vieux sergents ont tous de nombreux chevrons. Ils manœuvrent avec une grande précision. Je me suis souvent amusé à assister à l'exercice. L'officier fait ses explications et démonstrations en français au sergent noir, qui les répète en ouolof à ses hommes et les leur fait exécuter. Il y a plaisir à voir tous ces yeux, brillant au milieu de ces faces noires, regarder avec attention le vieux sergent et exécuter ses ordres avec ensemble. Les tirailleurs sénégalais ont, à peu de chose près, le même costume que nos turcos ou tirailleurs algériens; seulement je dois dire que leur tenue manque en général de coquetterie et que, sauf les jours de parade, ils montrent une grande insouciance à cet endroit.

Il est fort à regretter qu'on ait jugé à propos de supprimer l'école des otages que le général Faidherbe avait fondée à Saint-Louis à l'époque où il était gouverneur du Sénégal, vers 1855. Cette école était instituée pour élever les enfants des noirs souverains qui voulaient bien les confier à l'administration française. Élevés et instruits avec soin, ces enfants, devenus hommes, étaient renvoyés dans leurs tribus, où ils devenaient tout naturellement de puissants auxiliaires de civilisation. Cette mesure, de l'avis d'un grand nombre de gens compétents, était la meilleure et la plus simple pour amener un bon et prompt résultat parmi des populations naturellement défiantes, et aurait pu, si elle avait été continuée, amener plus de conquêtes et d'adhésions pacifiques que la force. Ces jeunes gens, revenant chez eux chargés de cadeaux, après cinq ou six ans passés dans une bonne école où rien n'était négligé pour leur instruction et leur bien-être, ne cherchaient, pour la plupart, que les moyens de prouver leur amitié et leur reconnaissance à la France. S'il s'est trouvé parmi eux quelques ingrats qui n'ont employé les connaissances qu'ils avaient acquises parmi nous que pour nous nuire, beaucoup d'autres, au contraire, ont travaillé de tout leur pouvoir, de toute leur influence, pour asseoir, assurer, agrandir notre protectorat, qui leur est à eux-mêmes une garantie et une force contre les entreprises des tribus hostiles et insoumises.

Presque tout ce que nous avions apporté de France était placé, troqué, vendu ou donné; mon frère, qui devait venir nous rejoindre avec de nouvelles marchandises, ne pouvait arriver avant plusieurs mois. Il ne restait plus que quelques tonnes de verroterie et différents objets de peu d'importance dans notre case, et M... n'était pas embarrassé pour s'en défaire tout seul. La grande affluence de noirs qui d'abord avait envahi notre demeure à la vue de nos richesses avait cessé, et les affaires se faisaient maintenant d'une façon plus calme. Je pouvais donc enfin mettre à exécution le projet qui, seul, m'avait amené en Afrique, c'est-à-dire me livrer à corps perdu — c'est le mot rigoureusement vrai — à mon goût pour la chasse. Dans cette idée, j'avais toujours refusé absolument de céder de la poudre aux noirs, bien qu'ils m'en eussent offert maintes et maintes fois un grand bénéfice. J'avais, ainsi que je l'ai dit plus haut, rassemblé tous les renseignements nécessaires sur le pays, j'avais habilement distribué quelques cadeaux, fait quelques connaissances. J'avais engagé avec moi deux noirs alertes et vigoureux, l'un, N'Dabou, chasseur déterminé, qui devait me servir de guide; l'autre qu'on nommait Kayes, je ne sais trop pourquoi, car il n'était pas de Kayes; c'était un Bambara d'un village fort éloigné dans l'intérieur des terres. Il est probable que mon Kayes avait un autre nom barbare impossible à prononcer pour une bouche française, et c'est probablement

Types du haut Niger.

pourquoi ceux qui l'avaient un tant soit peu employé aux travaux du chemin de fer lui avaient appliqué celui-là, qui, en somme, ne désigne personne en particulier. Dans tous les cas, je m'en contentai, d'autant plus qu'il ne savait pas quatre mots de français; mais c'était un brave garçon, fort et courageux pour un nègre, entendons-nous, et qui aimait beaucoup mieux venir avec moi par monts et par vaux, que de travailler, régulièrement embrigadé, à piocher la terre ou à rouler les wagonnets du chemin de fer en cours d'exécution.

N'Dabou avait un fusil à pierre, dont il était très fier et très content, et passait pour un chasseur adroit et déterminé. Je m'étais engagé à le fournir de munitions et à le nourrir durant tout le temps de nos excursions. Kayes était engagé pour porter ma tente, mon sac, notre provision de biscuits et une partie de mes munitions; car on comprend que je n'aurais pu chasser chargé de tout cet attirail, indispensable dans les contrées perdues où j'allais m'engager.

Mon projet était de m'enfoncer le plus possible dans l'intérieur. J'avais tenté, à Kayes, de me joindre à un explorateur envoyé par le gouvernement français, mais la chose n'avait pu avoir lieu. Cet explorateur, après avoir à grand'peine recruté un personnel indigène, des guides pour l'aider à se diriger, des âniers pour faire transporter sur leurs bourriques les bagages et les vivres du convoi, s'était vu abandonner par les noirs dans les environs de Bakel. Il était alors venu à Kayes, dans l'espoir de reformer sa troupe; mais, lors de mon séjour en ce pays, il y était depuis assez longtemps déjà, sans avoir pu trouver une seule bête de somme, soit baudet, soit bœuf porteur. Lorsque j'allai le voir, après avoir été annoncé par le capitaine du *Tamsit*, il se désolait beaucoup de cet état de choses et me dit qu'il m'accueillerait très volontiers comme compagnon, heureux d'avoir avec lui un chasseur sur qui il pourrait compter pour ravitailler les membres de l'expédition; mais, ajouta-t-il, « trouvez-moi des ânes ou des bœufs porteurs pour transporter nos bagages; c'est ce que je cherche depuis deux mois inutilement. »

Or, comme la chose était matériellement impossible, surtout à cette époque de l'année, et que, pour avoir quelque chance de se procurer des bêtes de somme, il fallait attendre le retour d'une colonne, au mois de novembre, je résolus de poursuivre mon plan tout seul, tout en faisant momentanément de Kayes mon quartier général, où je comptais revenir de temps en temps, soit pour y reprendre de nouvelles provisions de munitions, soit pour y rapporter le produit de mes chasses, si elles avaient été fructueuses, ou pour me joindre à une prochaine expédition vers le haut Niger. A mon grand regret, je n'ai pu mettre à exécution ce dernier projet, et la maladie, cette terrible entrave des pays africains, est venue se jeter à la traverse du beau plan si complaisamment élaboré.

XIII

Le 15 septembre au matin, je me mis donc gaiement en campagne avec mes deux noirs. C'était un peu avant le jour : nous marchions allègrement, moi solidement armé et la cartouchière bien garnie, N'Dabou portant aussi son fusil et des munitions, et Kayes chargé de mes effets de campement, de mon sac contenant une petite provision de linge et une petite réserve de biscuit. J'avais restreint mon bagage à sa plus mince expression, car c'est toujours cette malheureuse et indispensable question des bagages et des provisions qui fait la difficulté des expéditions africaines. En ces contrées surtout, où les bêtes de somme sont inconnues, on doit se faire facilement une idée des entraves que cette pénurie des moyens de transport met à toute espèce d'entreprise, surtout là où il n'existe que peu ou point de facilités pour le ravitaillement d'une troupe quelconque. Les noirs cultivent peu, et le petit nombre de moutons ou de vaches qu'ils possèdent suffisent à peine à leurs besoins. Ce n'est plus dans l'intérieur comme sur les rives du Sénégal plus rapprochées de nos établissements, où ils se livrent à l'élève du bétail et où les bœufs servent souvent de montures. J'ai vu fréquemment, même dans les rues de Saint-Louis, de noirs cavaliers gravement juchés sur des bœufs, au pas aussi majestueux que la prestance de leurs écuyers. Mais à Kayes, il n'y a rien de tout cela. Le poste, la garnison, possèdent une certaine quantité d'ânes, que des laptots mènent paître dans les prairies sur le bord du fleuve; mais, avec un cheval appartenant à un officier, c'est tout ce que j'y ai vu de bêtes de charge.

Au reste, y en eût-il eu que je ne m'en serais pas embarrassé; car, avec mes projets de chasse, une ou deux montures m'eussent plus dérangé que servi. Je ne parle de cela ici que pour les expéditions nombreuses. Pour moi, un ou deux bons chiens d'arrêt eussent beaucoup mieux fait mon affaire. Nous partîmes de notre case, nous éloignant du fleuve, que nous laissâmes sur notre gauche, afin de gagner les plateaux inférieurs du mont Gouraïn, où je savais qu'il y avait de nombreux sangliers. C'était par cette chasse que je voulais me mettre en haleine. Chemin faisant, je tuai quelques oiseaux afin de fournir à notre repas du milieu du jour. Comptant sur le gibier qu'on rencontre à chaque pas, je n'avais emporté aucune autre provision de bouche que du biscuit et une petite quantité de sel. Kayes, tout en marchant, plumait les volatiles à peine morts et, les attachant par les pattes, les passait dans une branche flexible qu'il reployait en cercle. Nous marchions alors sous de grands bois semés de brousses éparpillées, mais la hauteur des arbres laissait circuler l'air et la lumière. Beaucoup de ces forêts africaines ont cette physionomie particulière ; les arbres, s'élançant à une grande hauteur, rosniers, palmiers, cocotiers, etc., déploient ensuite une sorte de large parasol de feuilles longues et aiguës qui abritent fort peu des rayons solaires. Les broussailles en profitent pour pousser drues et tranchantes, obstruant les passages que laissent entre eux les troncs droits comme des colonnes. Les bois où j'avais chassé sur les rives du Sénégal étaient tout différents ; c'était la forêt vierge dans toute sa splendeur échevelée, avec ses arbres aux troncs noueux que six hommes réunis n'embrasseraient pas, dont le feuillage touffu se mêlait aux autres feuillages, tandis que des lianes et des plantes parasites et grimpantes escaladaient les troncs, courant de l'un à l'autre, et formaient des rideaux et des barrières souvent infranchissables. Ici nous n'avions pas ce désavantage ; seulement le gibier est plus rare, et ces terrains sentent le serpent en diable. Nous rencontrons bientôt un torrent, marigot ou affluent du Sénégal, existant seulement durant l'hivernage ; il se dessèche complètement et n'est plus qu'une fondrière. Nous le côtoyons quelque temps, mais l'humidité est telle sur ses bords que je l'abandonne bientôt pour chercher un terrain plus solide ; car rien n'est malsain et n'engendre la fièvre paludéenne comme les exhalaisons marécageuses de ces terres imprégnées d'eau croupie. La chaleur commençait à devenir intense ; il y avait déjà plusieurs heures que nous marchions. Je regardai ma montre, qui marquait dix heures : nous étions partis à cinq heures. Nous avions une bonne provision d'oiseaux, et je pensai qu'on pouvait se permettre un peu de repos. Pour une première journée, il ne fallait pas se fatiguer. Au reste, bien que nous fussions en route depuis longtemps, nous n'avions pas fait beaucoup de chemin, car nous nous étions souvent arrêtés et amusés à la recherche ou à l'affût de quelque pièce de menu gibier.

Je cherchai un endroit ombragé, et nous nous installâmes pour notre halte à l'abri d'un bouquet de jeunes rosniers. Mes noirs eurent bientôt allumé un feu de broussailles ; j'organisai au-dessus trois branches d'arbre en faisceau, auxquelles je suspendis, au moyen d'une ficelle, une couple de grasses tourterelles. Quant à mes compagnons, ils se contentèrent de les faire griller sommairement sur les minces charbons que formait notre menu combustible, et les absorbèrent avec des marques de grande satisfaction, se souciant fort peu de la cendre qui les saupoudrait. Ce premier repas d'aventure m'amusa beaucoup, je l'avoue ; assaisonné par un robuste appétit comme unique condiment, il me parut délicieux. Un des noirs alla puiser de l'eau au marigot voisin ; je pris la précaution de filtrer cette eau dans le petit filtre portatif que j'emportais avec moi, et, ainsi restaurés, chacun s'arrangea pour la sieste. Mes deux noirs s'allongèrent simplement le dos au soleil comme des lézards ; moi, je m'établis commodément à l'ombre pour fumer, car je n'ai jamais pu dormir dans le jour, quelle que soit la chaleur, à moins d'une extrême fatigue antérieure.

Rien n'égale le calme de ces heures de la sieste dans les contrées tropicales. Il semble que les animaux, les végétaux eux-mêmes, se livrent au repos durant les trois ou quatre heures où le soleil, à son zénith, darde sur la terre ses rayons perpendiculaires. Aucun cri, aucun murmure, aucun frémissement dans les plaines ; toute la vie se réfugie dans les grands bois, où tout le règne animal va chercher un abri. Nous nous trouvions à ce moment sur les premières pentes du Gouraïn, où l'on ne voyait plus que des brousses, des taillis et, çà et là, quelque maigre rosnier élevant mélancoliquement son panache de feuilles immobiles. Durant les trois heures que je laissai à mes noirs pour dormir, je poussai à droite et à gauche quelques reconnaissances, qui n'amenèrent aucun résultat. Quelques gros lézards, quelques reptiles, s'enfuirent seuls sous les brousses, mais de gibier à plume ou à poil, je ne vis pas la moindre trace; il faisait sans doute aussi la sieste, tapi à l'abri des épaisses ramures.

A deux heures, je réveillai mes hommes, et nous reprîmes notre route, N'Dabou en tête, me servant de guide dans ces lieux qu'il connaissait très bien. Bientôt on commença à s'apercevoir que la sieste générale était finie; le gibier se montrait de nouveau; mais comme nous avions largement de quoi souper, je défendis à mon chasseur d'user inutilement ses munitions, et je m'abstins moi-même de tirer. Il était environ quatre heures lorsque nous arrivâmes à un endroit où N'Dabou m'assura que les sangliers devaient abonder. C'était un large et épais taillis de plantes épineuses, de grandes herbes folles, de roseaux tranchants, poussant vigoureusement dans un terrain marécageux dont les pluies d'orage faisaient une sorte de bassin où les sangliers venaient se vautrer. Tout aux alentours, le terrain était fouillé et labouré, ce qui prouvait clairement qu'ils fréquentaient cet endroit. J'examinai soigneusement les traces, j'observai la direction du peu de vent qu'il faisait, je relevai les brisées, et, ayant trouvé un endroit dégarni de broussailles formant une sorte de petit plateau, j'y fis dresser ma tente de manière que les sangliers, en venant à leur bauge par leur chemin habituel, ne pussent nous flairer. Kayes s'occupa alors du souper, et N'Dabou et moi nous nous mîmes en campagne prudemment, non pas dans l'intention de chasser le soir même, mais afin d'être tout prêts pour le lendemain matin.

Nous ne fûmes pas longtemps sans apercevoir ce que nous cherchions : un sanglier, puis deux, puis trois, débouchèrent d'une brousse et se dirigèrent en trottant tranquillement vers le marécage. La main me démangeait sur mon fusil en les voyant, à si belle portée, s'arrêter pour fouiller la terre ou pour brouter une racine, sans aucune défiance de ce qui se préparait pour eux. Mon noir me regardait et me faisait des signes énergiques; mais je lui fis comprendre qu'il ne fallait pas les effaroucher, afin de pouvoir faire une chasse sérieuse le lendemain, et, m'arrachant à un spectacle aussi tentant, je repris le chemin de la petite terrasse où était dressée la tente, et où nous trouvâmes le souper se confectionnant tout doucement. Seulement, je crus m'apercevoir que maître Kayes mâchonnait quelque chose et qu'il affectait un grand empressement à s'éloigner du foyer. Sans rien dire, je découvris ma boîte de biscuit, et je constatai la disparition de plusieurs galettes... Mon factotum n'avait pu résister à la tentation et m'en avait volé cinq ou six. Je crois avoir dit que le biscuit est une suprême friandise pour les noirs, et qu'ils font des bassesses pour s'en procurer. Je rejoignis mon drôle et, lui montrant la boîte de biscuit et lui faisant voir sur mes doigts combien il en manquait, je saisis mon revolver et lui fis comprendre que je lui brûlerais la cervelle s'il lui arrivait encore de me voler. Il prit un air étonné et innocent à la vue du biscuit, mais mon revolver et mon air furibond semblèrent lui donner à réfléchir; car il se prosterna à mes pieds avec les marques d'une contrition effrayée, devant lesquelles j'eus toutes les peines du monde à m'empêcher d'éclater de rire. Il s'en aperçut aussitôt et, se relevant prestement, il se mit à danser autour de moi en criant :

« Bon toubab, bon ! » et en riant de sa large bouche, où mon poing serait entré sans peine.

Je gardai mon sérieux de mon mieux et je ficelai soigneusement ma caisse, sur laquelle je m'assis. La nuit, j'en fis mon oreiller, car je n'avais aucune confiance dans les protestations de repentance de mon cuisinier.

Au souper, au lieu de lui donner, comme le matin, une galette de biscuit, j'en tendis ostensiblement une à N'Dabou, j'en gardai une autre pour moi, mais je lui fis comprendre d'un geste énergique qu'il n'en aurait pas, puisqu'il avait eu la gourmandise de m'en voler. Cela parut lui faire plus d'impression que tout le reste. Il baissa la tête et alla à l'écart dévorer mélancoliquement trois ou quatre ramiers, perroquets et tourterelles qui formaient sa part du souper.

Au reste, cette scène se renouvela plus d'une fois, car il m'attrapait chaque fois que l'occasion s'en présentait ; il n'avait pas la moindre méchanceté, mais il était gourmand comme un singe et voleur comme une pie pour tout ce qui se mangeait. Il n'aurait pas touché à un bouton d'habit ; qu'en aurait-il fait ? mais il ne fallait pas lui confier la moindre provision, à moins qu'elle ne fût crue. Plusieurs fois, afin de n'avoir pas à allumer du feu et cuisiner à la halte suivante, je voulus, le matin, faire rôtir notre déjeuner de midi ou notre souper du soir et l'emporter bien enveloppé dans de grandes feuilles. Naturellement c'était mon laptot qui était chargé de le porter, tandis que N'Dabou et moi chassions à droite et à gauche ; mais, arrivés à la halte, le repas avait toujours disparu, perdu, évanoui, fondu, sans que le candide cuisinier eût l'air de savoir comment la chose était arrivée. Il roulait de gros yeux, il joignait ses mains et les frappait au-dessus de sa tête, il laissait retomber ses bras avec découragement, comme quelqu'un qui renonce à comprendre une chose inexplicable, il se frappait les cuisses en tourbillonnant sur lui-même ; et s'il lui restait encore une partie du souper cachée dans un pli de son pagne, il retournait voir sur ses pas s'il ne retrouverait pas le tout, afin de pouvoir encore dévorer le reste. Je finissais par m'amuser de ces scènes, du sérieux et de l'air convaincu, innocent, avec lesquels il les jouait. Parfois je le prenais sur le fait, ou j'arrachais de son pagne un reste de viande, une moitié de perdrix, une tranche de venaison. Alors, ne pouvant nier l'évidence, il prenait un air étonné et criait qu'un méchant sorcier lui avait jeté un sort, qu'il lui faudrait un gris-gris de plus pour le préserver des maléfices. — N'Dabou me traduisait ces propos en riant. — Kayes se mettait effectivement un gris-gris supplémentaire; et à la première occasion le gris-gris ne valait rien, car il ne faisait pas d'effet... Il en faudrait un autre, oh ! mais un bon, un vrai, celui-là ! il savait bien où il faudrait aller pour l'avoir,... mais voilà !... c'était loin, bien loin, et le toubab (moi) ne voudrait jamais aller jusque-là !

Quand la nuit fut venue, je restai quelque temps à fumer solitairement auprès du feu expirant. Les étoiles se montraient une à une dans le ciel sombre et sans lune; les mille bruits, les mille murmures de la nuit bourdonnaient autour de moi, tandis que mes noirs compagnons y mêlaient déjà leurs ronflements sonores. De temps en temps un cri de chacal, un aboiement de hyène dominait le tout, tandis que quelques oiseaux de nuit déchiraient l'air de leurs cris perçants et lugubres. Nul bruit humain ne venait troubler cette sauvage nature, et je ne saurais dire combien on est de temps à s'habituer à passer ainsi les longues nuits sans entendre le tintement de la cloche égrenant les heures, les interminables heures qui semblent se traîner éternellement dans le silence de l'obscurité. Il m'est arrivé plusieurs fois de passer ainsi des nuits blanches que je pensais ne jamais voir finir. L'âpre volupté qu'on ressent d'abord de se voir perdu au milieu de la solitude absolue finit, quand la fatigue vous gagne, par se changer en une sorte de torpeur se peuplant de figures fantastiques et grimaçantes exécutant une danse macabre, tandis que la conscience de votre isolement devient une espèce de cauchemar. A ce moment vous donneriez beaucoup pour entendre seulement le sifflet d'une locomotive. C'est toujours vers deux ou trois heures du matin, quand la nature succombe à la fatigue et au courage même, que cet effet psychologique se produit, et vous êtes tout étonné, au premier rayon de l'aube, de voir toutes vos idées lugubres s'envoler à tire-d'aile pour vous laisser jouir pleinement et sans arrière-pensée de la splendeur toujours nouvelle, toujours intéressante, d'un lever de soleil sous les tropiques.

Ce premier soir, cependant, je n'eus pas à chasser les diables noirs qui hantent parfois mon cerveau. La fatigue se fit bientôt sentir, et j'allai me rouler dans ma couverture et m'étendre sous la tente auprès de mes noirs ronfleurs.

Le lendemain, nous étions debout avant le jour. N'Dabou et moi nous nous glissâmes, avec le moins de bruit possible, vers l'endroit où nous avions tout lieu de supposer que les sangliers devaient passer pour aller gagner les grands bois. Kayes nous accompagnait comme amateur ou rabatteur ; j'aimais mieux le voir naviguer dans mes eaux que de le laisser trop longtemps seul dans la tente.

Il n'y avait pas longtemps que nous étions postés quand un bruit soudain nous fit dresser l'oreille. Évidemment le gibier s'agitait ; on entendait un mélange de grognements, de cris, de froissements de branches, de piétinements qui présageaient un événement. Tout à coup la broussaille s'entrouvrit en une large trouée, à trente pas de moi, et une troupe de sangliers s'en échappa, déboulant comme une trombe sur la pente du coteau. Je fis feu de mes deux coups sur celui qui était en tête : c'était une laie qui traînait à sa suite huit ou dix marcassins gros comme de forts renards. Elle s'arrêta soudain sous mes deux balles et eut un mouvement de recul. Je me hâtai de recharger mon fusil ; mais, au moment où j'épaulais à nouveau, je baissai mon arme... Mon imbécile de Kayes se roulait par terre pêle-mêle avec le sanglier blessé et toute la nichée de marcassins ; tout cela ne formait qu'une masse noire criante, hurlante, mouvante, d'où s'échappaient des flots de sang. J'appelai N'Dabou, qui accourait à mes coups de feu, et je m'élançai vers le lieu de ce combat homérique, croyant mon noir à moitié écartelé ; j'avais mis le revolver à la main, n'osant me servir de mon fusil de crainte de blesser le nègre, dont les membres ou la tête n'apparaissaient que par échappées au milieu de cette avalanche de pourceaux. Je n'étais plus qu'à trois pas du groupe où, Laocoon d'un nouveau genre, mon cuisinier se débattait désespérément, quand toute la noire engeance s'éparpilla à droite et à gauche et que je vis Kayes se relever lestement.

« Où es-tu blessé ? » lui demandai-je vivement en montrant le sang dont il était couvert.

Il comprit ma question à mon geste et secoua la tête en se tordant de rire et en me montrant la laie qui trottait à vingt pas de nous, tandis que les marcassins en désarroi se faufilaient sous les broussailles.

« Que le diable t'emporte, farceur ! » m'écriai-je en colère ; et, jetant mon revolver à mes pieds, je saisis mon fusil et envoyai une troisième balle au sanglier. Ce fut le coup de grâce : il roula les pattes en l'air et se débattit un instant, puis il demeura immobile. Au même instant, N'Dabou abattait un marcassin.

Je voulus alors me faire expliquer ce qui s'était passé, et N'Dabou interrogea Kayes. Il résulta de ses explications que mon coquin, se trouvant presque sur le passage de la laie et la voyant blessée de deux trous d'où le sang s'échappait abondamment, avait pris son mouvement de recul pour une convulsion d'agonie et s'était soudain élancé pour assister à sa mort; mais la bête, rendue furieuse par la souffrance, s'était jetée sur lui et lui avait porté un maître coup de boutoir qui l'avait renversé; puis les petits étaient survenus au secours de leur mère; de là la mêlée. Mais mon noir était leste et se débattait comme un diable, ce qui ne donnait pas aux marcassins le temps de mordre; d'un autre côté, la laie, qui avait une balle dans le cou, comme je le vis ensuite, ne pouvait non plus faire jouer ses mâchoires. Kayes en fut donc quitte pour une bousculade, d'où il se releva sain et sauf et couvert de sang, il est vrai, mais du sang du sanglier blessé.

Je l'aurais volontiers battu pour la peur qu'il m'avait faite ; mais, en somme, comme il n'y avait aucun accident et que nous avions une superbe jeune laie et un gras marcassin dont je me promettais de savoureuses côtelettes, je finis par où je finis toujours après avoir bien crié : je me mis à rire de la mine baroque de Kayes, barbouillé de sang et de terre, ce qui lui donnait l'air le plus hétéroclite qu'on puisse imaginer. Quand il vit que je riais et que, par conséquent, il n'avait plus rien à craindre, il se mit à sauter, à danser et à gambader selon son habitude, exécutant une danse infernale autour du sanglier mort. Lorsque j'eus bien ri de ses pantomimes extravagantes, je lui fis comprendre qu'il s'agissait maintenant d'emporter notre butin.

N'Dabou et lui attachèrent les sangliers par les quatre pattes et, glissant un long bâton entre les jambes, ils en posèrent chacun une extrémité sur leur épaule. Les deux bêtes furent ainsi apportées à proximité de notre campement, où je les fis déposer, et, tandis que Kayes préparait le marcassin pour notre déjeuner, N'Dabou et moi nous mîmes en devoir d'enlever à la laie ses longues soies. Notre récolte fut abondante ; et comme c'était tout ce que je voulais de la bête, je l'abandonnai ensuite à mes noirs. Je n'ai de ma vie vu pareille goinfrerie, — qu'on me passe le mot. Ils découpèrent le sanglier, et je ne saurais dire combien et combien de morceaux encore ils firent griller sur les charbons et absorbèrent à peine roussis. Je les laissai à leur repas et allai faire un tour aux environs pour tuer quelques oiseaux au riche plumage que j'avais aperçus. Je fus deux heureux absent ; quand je revins, mes noirs mangeaient encore ! Cependant il était facile de voir que leurs mâchoires ne fonctionnaient plus aussi librement que lorsque j'étais parti. Peu d'instants après, en effet, ils s'étendirent tout de leur long sur l'herbe et procédèrent à l'importante affaire de la digestion. Les fonctions de l'estomac ne doivent pas être une sinécure chez ces gens-là. Il est vrai que, lorsqu'il y a famine, ils jeûnent sans se plaindre. Ils firent une sieste de trois heures, au bout desquelles ils auraient été prêts à recommencer si je les avais laissés faire; mais je ne permis qu'une bouchée à eux et à moi, et nous partîmes battre les environs, à la recherche des oiseaux, me réser-

Vautour.

vant de revenir au coucher du soleil à l'affût des sangliers. Cette fois, instruit par l'expérience, je mis Kayes en faction, le dos appuyé contre un tronc d'arbre, avec défense expresse de bouger. Nous tuâmes encore un sanglier, de sorte que mes hommes purent de nouveau faire ripaille ce soir-là. Les restes du premier, qu'ils avaient laissés exposés au soleil toute la journée, avec l'insouciance habituelle des noirs, avaient vite été flairés par les vautours et les termites, et il n'en restait plus que les os. Je crois avoir déjà dit que ces énormes et hideux oiseaux de proie pullulent en Afrique, où ils se chargent de faire disparaître les immondices. Les nègres ne leur font jamais de mal, et, quoique je les eusse en horreur et que je ne pusse voir sans répulsion ces affreuses bêtes au long cou rouge et déplumé, au bec recourbé claquant de sensualité à la vue d'une bête morte, au regard glauque, à la pose mélancolique, au vol lourd, à l'aspect lugubre, j'ai imité les noirs et n'ai jamais cherché à en tuer aucun, car leur utilité est manifeste dans ces contrées déjà si malsaines, et où toute matière animale abandonnée par l'incurie naturelle des indigènes entre aussitôt en putréfaction, sous l'influence de la chaleur.

Ce second sanglier eut le sort du premier : j'en fis enlever les soies et, après m'être découpé quelques tranches choisies dans sa chair savoureuse, j'abandonnai le reste aux noirs. Leur repas se prolongea fort avant dans la nuit ; mais comme je voulais encore passer au même lieu la journée du lendemain et peut-être du surlendemain, peu m'importait que mes hommes veillassent ; ils dormiraient toujours assez pour se reposer du peu de fatigues de la journée. Je riais tout seul, couché sous ma tente, en les voyant par l'ouverture s'empiffrer de sanglier au point qu'ils étaient parfois obligés de s'arrêter et de se lever pour respirer, les yeux hors de la tête, comme quelqu'un qui étouffe; mais bientôt le spasme était passé, et l'on remettait sur les charbons une nouvelle tranche de viande.

Le lendemain matin, nous ne réussîmes pas aussi bien; notre butin se borna à un seul marcassin. Je voulus essayer d'un mode de cuisson employé par les indigènes de l'intérieur, dont j'avais entendu parler, mais que je n'avais pas encore eu occasion d'expérimenter. On creusa un trou en terre, on fit un grand feu, dont on jeta tous les charbons dans le trou, ainsi que des pierres qu'on avait fait rougir dans le foyer. Sur ces charbons on mit une légère couche de sable, puis des feuilles d'arbres, dont on garnit proprement le trou tout autour. On y plaça alors le marcassin tout entier, bien préparé et bien enveloppé de feuilles et d'herbe; on remit dessus une nouvelle couche de feuilles vertes, puis une couche de sable, puis le reste de la braise et de la cendre du foyer, auquel on ajouta encore quelques morceaux de bois. Une heure après on retira de ce four improvisé notre marcassin, parfaitement rôti et d'un goût exquis.

Le matin du quatrième jour de notre installation en cet endroit, je fis plier la tente. J'avais assez de la chasse au sanglier, et je voulais varier mes plaisirs.

Du reste, pour tout dire, il semblait évident que les sangliers étaient du même avis que moi, car ils se montraient beaucoup plus rares que les premiers jours. Nous passâmes la journée à chasser des oiseaux et une sorte de petit lièvre assez semblable à un gros rat sans queue, que les Noirs Malinkés nomment *daman ;* je crois que son nom scientifique est *hyrax*. La chair m'en semblait fort bonne et me reposait du sanglier, dont j'étais rassasié, non pas précisément à cause de celui dont j'avais mangé quelques tranches, mais à cause de celui que j'avais vu engloutir. Quant aux oiseaux, je m'attachais principalement à ceux dont le plumage brillant et varié me flattait. Ils étaient prestement dépouillés par N'Dabou, très adroit pour ce genre d'opération ; puis je frottais la peau de savon arsenical, je la roulais soigneusement, et elle allait se joindre aux autres dans le sac de Kayes. Chemin faisant, nous pourvoyions au menu de nos repas, et je puis garantir à toute personne sachant tenir un fusil qu'elle ne risquera pas de mourir de faim dans ces contrées. A chaque halte nous avions toujours un chapelet de gibier, plus ou moins succulent parfois, il est vrai, mais, en somme, on avait toujours de quoi pourvoir amplement à son appétit.

XIV

Mon intention, ce jour-là, était de me rendre à Médine. Ce village est un de nos postes les plus importants du Sénégal. Il forme la limite de la navigation du fleuve. Au-dessus de Médine, le Sénégal devient capricieux, inégal, tantôt profond et étroit, resserré dans de hautes berges presque à pic, tantôt coupé par des rochers qui retiennent les eaux et provoquent des cataractes et des tourbillons dangereux. Ces rochers forment des écluses naturelles, et, à partir de Médine, le niveau du fleuve s'élève sensiblement, de bief en bief, jusqu'à Bafoulabé, d'au moins une centaine de mètres, dans un parcours d'une trentaine de lieues.

Notre poste de Médine date de 1855. Il a été installé par le général Faidherbe, à la suite d'un engagement qui eut lieu entre nos troupes et une armée, ou plutôt une multitude de Toucouleurs fanatisés, sous les ordres du redoutable marabout El-Hadj-Oumar, qui avait soulevé une partie de la population sénégambienne contre l'autorité française et contre ceux qui se soumettaient à cette autorité. Pendant quatre-vingt-dix-sept jours, ce poste, à peine fortifié alors, et n'ayant qu'une cinquantaine de soldats pour garnison et deux canons de campagne, résista aux attaques des fanatiques. Le commandant du poste, un mulâtre nommé Paul Holl, doué d'un courage et d'une énergie dont il donna les preuves, allait faire sauter le fortin avec ce qui lui restait de munitions, car les vivres étaient épuisés, et la maladie et la faim faisaient d'irréparables brèches dans la petite garnison héroïque, lorsque des coups de canon retentirent dans la direction du fleuve. C'était le général Faidherbe lui-même qui arrivait sur un vapeur avec cinq ou six cents soldats. Ce secours inopiné changea immédiatement la face des choses; la garnison assiégée sortit au-devant des troupes qui débarquaient, le général en tête, et bientôt les assiégeants étaient dispersés et mis en déroute. On a élevé une pyramide pour conserver le souvenir de ce glorieux fait d'armes; mais combien d'actions héroïques sont ainsi accomplies dans ces lointaines régions, dont la mère patrie ignore jusqu'au nom des acteurs! Combien meurent misérablement en faisant plus que leur devoir, sans que personne sache seulement ce qu'ils sont devenus!

Le soleil se couchait au moment où nous arrivions à Médine. Tout d'abord, je voulais dresser ma tente

Médine et le poste militaire.

à l'abri d'un arbre ou d'une clôture de paille de mil; mais N'Dabou me déclara que c'était prendre une peine inutile et qu'il allait me trouver une case. En effet, il revint au bout d'un quart d'heure, accompagné de quatre ou cinq noirs, dont deux étaient venus à Kayes faire chez nous différents achats. L'un était un vieux traitant, connu pour sa richesse, l'autre était son fils, qui parlait assez bien le français. Ils m'offrirent gracieusement une case inoccupée, que je m'empressai d'accepter; car, durant le peu de temps que N'Dabou avait été absent, je crois que tous les marmots du village m'avaient déjà flairé et s'étaient attroupés autour de moi, écarquillant leurs yeux ronds comme s'ils n'eussent jamais vu de blanc.

Je suivis donc mes hôtes, et bientôt nous nous trouvâmes dans une case située presque à la pointe d'un des espèces de triangles que forment les trois ou quatre groupes de cases qui sont le village ou la ville de Médine. Chacun de ces groupes est entouré d'une haute clôture ou haie de paille, et laisse entre eux de larges espaces servant de rues, où le soleil déverse ses prodigues rayons. Le fort et ses dépendances dominent le village.

J'eus force visites durant toute la soirée; ma case ne désemplit pas pendant une couple d'heures. Quelques-uns de ces visiteurs savaient un certain nombre de mots français et s'en servaient pour me questionner, traduisant mes réponses à l'assistance. Le vieux traitant qui était venu à Kayes, examina mon fusil avec attention et offrit de me l'acheter; mais je lui répondis ce que je lui avais déjà répondu à Kayes lorsqu'il m'avait fait la même proposition, c'est-à-dire que mes armes n'étaient pas à vendre, à n'importe quel prix, car elles m'étaient indispensables. Mais il faut croire que ce fusil le flattait singulièrement; car il le reprit plusieurs fois, en faisant jouer le mécanisme si simple et si parfait tout à la fois, et l'examinant dans tous ses détails.

Malgré toute l'amabilité de mes visiteurs, je souhaitais vivement de les voir partir, car j'étais fatigué; et comme mon intention était de partir le lendemain à la pointe du jour, il fallait que nous pussions nous reposer. Les noirs ne sont jamais pressés de se coucher; ils se rassemblent souvent le soir et passent une partie des nuits couchés ou accroupis à rire, à causer, parfois à danser au son du *tam-tam*. Je tremblais à la pensée qu'il ne leur prît envie ce soir-là de faire de ma case le lieu de leur réunion. J'avais eu la maladresse, en voyant l'obscurité se faire, d'allumer une des bougies que j'avais dans mon bagage, et je regrettais maintenant ma politesse imprudente; car je constatais avec inquiétude que ma bougie s'usait et que ma case se remplissait de plus en plus. J'imaginai un moyen pour forcer mes hôtes à s'en aller sans leur faire l'impardonnable affront de les mettre à la porte. Mes bâillements prolongés et mes démonstrations de fatigue et de sommeil ne servant à rien, je fis un brusque mouvement, qui pût être pris pour une maladresse, et j'éteignis la bougie. Un moment de silence suivit, puis j'entendis des éclats de rire, et un certain mouvement se produisit dans l'obscurité rendue plus profonde encore par la présence de tous ces corps noirs.

« Bonsoir, bonsoir! criai-je en mettant toute l'amabilité possible dans l'accent de ma voix.

— Bonjour, bonjour! » me fut-il répondu d'un ton non moins aimable et empressé.

Puis j'entendis un craquement, une lueur illumina ma case, et le fils du vieux traitant, s'avançant vers la bougie tombée à terre lorsque je l'avais brusquement éteinte, la ralluma triomphant à la flamme de son briquet, et la posa délicatement sur une traverse de la case, à l'abri de toute atteinte maladroite.

Après cet exploit, auquel j'assistai dans le silence de la stupeur et de la mortification, mon jeune noir se tourna vers moi en riant et me montra d'un air enchanté le briquet qu'il avait à la main.

« Bon! très bon! » dit-il avec satisfaction.

Horreur!... C'était un des briquets que M... et moi avions apportés de France, et dont nous avions libéralement fait cadeau à nombre de noirs, afin de les bien disposer en notre faveur.

J'étais assassiné avec mes propres armes!

Je pris donc mon parti avec le courage du désespoir et, m'asseyant sur mon sac, m'adossant le plus commodément possible contre le mur en terre de la case, je me mis à fumer. Je me renseignai sur la route que j'avais l'intention de suivre, expliquant que je voulais remonter jusqu'à Bafoulabé d'abord, puis tenter d'aller gagner le Niger à Bammako.

« Ne va pas là, me dit le jeune traitant, ils te tueront. Les hommes du Pouladougou et du Bélédégou n'aiment pas les blancs. Ce sont des sauvages. »

Ce qu'il me disait là ne faisait que corroborer ce qu'on m'avait déjà dit à Kayes, à Bakel, à Saint-Louis, mais n'entamait point ma résolution; et si la maladie dont je fus atteint un peu plus tard n'avait pas arrêté mes projets, j'aurais tout mis en œuvre pour arriver à mon but.

La conversation se prolongeait et menaçait de durer toute la nuit. Quand je me sers du mot « conversation », je dois prévenir le lecteur que ce vocable pourrait induire en erreur; si j'emploie ce substantif, c'est que la pauvreté de notre langue ne m'en fournit pas d'autre. Cette conversation donc se composait de deux ou trois mots, une ou deux phrases tout au plus, échangés à de longs intervalles entre les deux traitants et moi; l'un des deux traduisait mes paroles au reste de l'assistance, qui ne soufflait mot, se contentant d'allonger la tête les uns sur les autres, pour voir, sans doute, l'expression de mon visage. Dans l'intervalle de chaque phrase je crois bien que je devais faire un somme, car il m'arrivait de n'avoir pas les idées très lucides et de ne plus trop savoir de quoi il s'agissait dans cette conversation à bâtons rompus. Une fois, je tirai ma montre pour savoir depuis combien de temps durait mon supplice; mais je me gardai bien de recommencer, car tous mes visiteurs s'approchèrent pour l'examiner et écouter son tic tac, qui semblait beaucoup amuser certains d'entre eux.

Enfin, je crois qu'ils seraient restés toute la nuit dans ma case, si le Dieu des voyageurs ne m'eût pris en pitié. Un vif éclair, immédiatement suivi d'un violent coup de tonnerre, ébranla tous les échos d'alentour. Mes visiteurs dressèrent l'oreille, et cinq minutes après j'étais seul dans mon domicile temporaire avec mes deux serviteurs. Une terrible tornade éclatait. Je m'applaudis vivement alors d'avoir accepté une case, ce dont je m'étais plusieurs fois repenti depuis trois ou quatre heures. Que fût devenue ma tente, tout imperméable qu'elle était, sous les trombes d'eau qui se déversaisent des nuages comme des avalanches? Bien que la chose dût inévitablement m'arriver au cours de mon excursion, c'était toujours autant d'échappé, et cela avait son importance; le désagrément d'être trempé jusqu'aux os ne serait rien, surtout dans un pays où la chaleur succédant immédiatement à l'orage vous sèche en quelques minutes; mais il est très rare que, pour les Européens, la fièvre ne succède pas aussitôt à un bain de ce genre.

L'eau ruisselait en torrents écumeux dans les étroites ruelles qui séparent les cases, entrant dans certaines d'entre elles; j'eus la chance que la mienne se trouvait sur un plan incliné, de sorte que l'inondation ne gagna que de quelques pieds à l'entrée de la porte. Le vent, le tonnerre, la pluie, les éclairs, tout cela faisait rage au dehors, sifflant, soufflant, fouettant, détonant, hurlant, éclatant, comme si toutes les légions de l'enfer eussent été déchaînées. Ma bougie était devenue bien inutile, car les éclairs se succédaient sans interruption, incendiant le ciel noir. On ne se lasse pas d'admirer l'horrible beauté de ces sublimes colères de la nature. Cette tornade dura environ deux heures, durant lesquelles je ne dormis pas, naturellement. Il était plus de deux heures du matin quand les roulements du tonnerre, en s'éloignant graduellement, annoncèrent que l'orage tirait à sa fin. Je repris alors mes couvertures et, m'enveloppant de mon mieux, je m'allongeai sur le sol, rompu de fatigue et tombant de sommeil. Hélas! il était écrit que je ne dormirais pas cette nuit-là!... Il était à peine trois heures que les coups répétés du pilon, écrasant le mil pour le couscous journalier, retentirent dans la case de gauche, puis dans celle de derrière, puis dans toutes les habitations du pays, produisant un roulement continu, semblable à celui que ferait un orchestre de grosses caisses. J'eus beau m'envelopper la tête, me boucher les oreilles, j'entendais toujours l'infernal pilon retombant sur le grain dans le mortier. Sans la tornade, j'eusse pris mes couvertures et j'aurais été à un kilomètre de là dormir sous quelque arbre; mais la terre détrempée m'interdisait cet expédient, et je dus subir le supplice. A Kayes, j'avais passé par là, et M... et moi avions souvent pesté contre ce réveil d'un nouveau genre; mais alors nous avions dormi depuis huit ou neuf heures du soir, et, en résumé, quand on possède à son actif six ou sept heures de sommeil, il n'y a rien à dire. Mais ici, le cas était bien différent; j'avais marché toute la journée sous une chaleur accablante et énervante présageant l'orage de la nuit; j'avais subi les visites d'une multitude de curieux et j'avais passé en palabres les premières heures de la nuit; après était survenue la tornade..., et maintenant le pilon! Et je voulais repartir au lever du soleil!... Allez donc marcher et chasser après une pareille nuit!

On me dira que rien ne me forçait à partir avant de m'être reposé, et que je pouvais demeurer à Médine autant que je voudrais; mais j'avais une raison pour m'arrêter le moins possible dans les villages.

Il n'y a rien de versatile comme le caractère des noirs, et je craignais de me voir abandonner par les miens, sans raison, sans but, comme font des enfants qui poursuivent tout à l'heure un oiseau, puis un papillon, puis une mouche, et quittent ce qu'ils poursuivaient pour s'arrêter à cueillir une fleur ou à se rouler sur l'herbe. Tel est l'esprit du noir, s'abandonnant sans réflexion à l'idée du moment, sans jamais songer aux conséquences.

J'y songeais sérieusement, et bien qu'il m'eût été facile de trouver deux autres compagnons, je préférais les miens, car N'Dabou m'était précieux par sa petite connaissance du français, son intrépidité et sa hardiesse, et Kayes, malgré sa gourmandise, était un bon garçon, toujours gai, fort comme un cheval et relativement peu fainéant pour un nègre.

C'est pourquoi, dès que le soleil parut, je donnai le signal du départ. J'envoyai le premier gamin que je rencontrai remercier mon hôte de sa case, en lui faisant dire que je reviendrais dans quelques jours, et nous nous dirigeâmes avec armes et bagages au sud du village, vers les collines qui dominent Médine. La terre était détrempée par la pluie, et les hautes herbes étaient fort chargées d'eau; mais j'étais chaussé de grandes bottes montant jusqu'aux cuisses, et mon manteau imperméable me garantissait le corps, de sorte que j'arrivai sans être trop mouillé jusqu'à l'endroit où j'avais résolu d'élire domicile et de déjeuner, puis de faire une sieste qui me dédommageât de l'insomnie de la nuit précédente.

Je choisis une petite plate-forme sur les premiers plans d'une des hauteurs rocheuses qui dominent Médine, et j'y fis dresser ma tente aussitôt. La nature pierreuse du terrain me promettait un lit sec, et un amas de broussailles tombant des anfractuosités de rochers qui surplombaient cette petite terrasse ombrageait un tant soit peu la tente et ses environs immédiats. La montagne sur laquelle nous étions est appelée les Rochers des Lions, parce que de gigantesques blocs de pierre qui la surmontent ont, à distance, la forme de lions accroupis. Le soir, au moment du court crépuscule tropical, ou par les nuits de clair de lune, la similitude est plus saisissante que dans le jour, et il semble vraiment que des lions aux dimensions phénoménales veillent silencieux au sommet de la montagne, semblables à ces sphinx qu'on retrouve encore à moitié ensevelis dans les ruines ensablées des anciennes cités égyptiennes.

Notre arrivée mit en fuite une nuée de grands singes cynocéphales, dont les aboiements n'étaient rien moins qu'agréables ; mais c'était peu de chose, auprès du pilon des négresses. Mes deux noirs se mirent à la cuisine, car il s'agissait de déjeuner. Kayes, dont l'estomac avait, paraît-il, une certaine prévoyance, malgré tout, tira d'un sac quelques poignées de mil pilé et, me le montrant en riant, il se mit en devoir de préparer le couscous. Je ne sais où le maraud avait volé cela, et il est certain que, s'il l'avait apporté intact jusqu'au campement, c'est qu'il n'avait pu le manger en route, non préparé. Je ne cherchai pas à tirer la chose au clair et, me contentant pour mon déjeuner d'une galette de biscuit trempée dans de l'eau, je laissai mes noirs cuisiner leur mil dans la marmite qui composait toute notre batterie de cuisine, et je m'étendis avec délice sur ma couverture. L'air se ressentait encore un peu de la fraicheur que la pluie de la nuit avait répandue, car il n'était pas plus de huit heures du matin, et par l'ouverture de ma tente je voyais se dérouler au loin l'horizon ensoleillé d'où montaient déjà de légères vapeurs absorbées par les rayons solaires. Mes yeux errèrent un instant sur ce spectacle, puis tout se brouilla, et je m'endormis.

Quand je me réveillai, il était trois heures de l'après-midi. Mes deux noirs ronflaient à côté de moi. Je me levai, je pris mon fusil et je descendis seul jusque sur la rive du Sénégal. J'y rencontrai quelques noirs de Médine, dont un ou deux savaient un peu de français. Je m'informai s'il n'y avait pas moyen de trouver des pirogues pour me transporter, moi, mes hommes et mon bagage, sur l'autre rive. Je voulais aller vers les chutes du Félou chasser l'hippopotame. Il me fut répondu que la chose était très facile, et l'on m'offrit aussitôt de passer. Je fis comprendre à mes obligeants amis que je reviendrais dans quelques jours, après une tournée dans les montagnes, et je retournai au campement, car je ne voulais pas y laisser mes hommes seuls trop longtemps, connaissant le faible de l'un d'eux, et peut-être des deux, pour ma caisse de biscuit. Chemin faisant, je tuai un daman, une poule de pharaon et deux ou trois ramiers. C'était de quoi souper amplement. Je retrouvai mes hommes encore endormis et ma caisse de biscuit sous mes bagages, telle que je l'y avais cachée avant de sortir. Je réveillai mon cuisinier et lui jetai le produit de ma chasse, qu'il se mit en devoir de plumer, dépouiller, vider, avec une dextérité qu'eussent pu lui envier des cordons bleus, et une heure après on soupait copieusement. Je passai le reste de la soirée à écrire mes notes, et lorsque les étoiles s'allumèrent une à une dans le ciel sombre, je sortis faire une lente promenade dans les environs sauvages de notre campement. J'aime ces nuits africaines au grand et solennel silence, où aucun bruit civilisé ne vient distraire des réflexions solitaires. Je songeais alors à la France, au pays, à ceux qui, là-bas, dans le grand jardin plein des suaves parfums du réséda, du jasmin, de l'héliotrope, respiraient la fraîcheur de nos soirées d'Europe; les enfants se pourchassaient en poussant des cris joyeux; je voyais leurs têtes rieuses, leurs cheveux volant dans l'effarement de leur course ; j'entendais le bruit de leurs pas sur le sable des allées ; parfois il me semblait, au détour d'une roche, que j'allais me trouver face à face avec eux, tant était puissante l'illusion du souvenir... Puis, la réaction se faisant, je me trouvais seul, triste, découragé ; je n'entendais plus que des bruits lugubres. A un certain moment, une hyène passa sournoisement à quelques pas de moi, se glissant dans les hautes herbes. C'est la seule que je vis de si près, car, contrairement aux idées reçues en pays civilisé, on voit très peu de bêtes féroces en Afrique, bien qu'elles pullulent en certaines contrées. Tous les animaux sauvages, féroces ou autres, fuient la présence de l'homme, et il faut qu'ils soient traqués ou blessés, généralement, pour s'attaquer à lui. Toutes les nuits, je l'ai dit, j'entendais les cris des hyènes qui viennent jusque dans les rues de Kayes, de Médine et de tous les villages indigènes, et je n'en ai jamais vu une à portée de fusil, si ce n'est celle qui me passa presque dans les jambes le soir dont je parle, et où je n'avais justement pas d'arme sur moi.

XV

Le lendemain matin, nous pliâmes la tente de bonne heure et nous nous mîmes allègrement en route. Immédiatement au-dessus de Médine, la vallée du Sénégal se resserre entre deux montagnes que barre un amoncellement de rochers formant ce qu'on nomme le plateau du Félou. A cette époque d'hivernage, ce passage est difficile à franchir ; car les rochers sont coupés de ravines et de fissures où l'eau se précipite en grondant et en tourbillonnant sourdement, comme si elle s'engouffrait sous la montagne elle-même. Cependant, comme nous n'étions pas embarrasés de beaucoup de bagages ni d'aucune bête de somme, ce passage fut franchi assez lestement, et nous nous trouvâmes bientôt dans ce qu'on nomme la plaine du Logo. Nous fîmes notre halte accoutumée vers onze heures. La marche avait été rude, et la chasse mauvaise. Il fallut nous contenter pour déjeuner de quelques petits oiseaux et de deux ou trois poissons que Kayes avait pris, avec une rare adresse, dans des trous sur les rives du Sénégal.

Nous n'étions qu'à une courte distance de Sabouciré. N'Dabou me parla d'y aller, mais je refusai absolument, instruit par l'expérience. La nuit passée à Médine ne me donnait pas envie de renouveler la chose. Je résolus d'appuyer sur la droite, afin de gagner quelques villages de l'intérieur où je pourrais peut-être trouver des chasseurs d'autruches qui me renseigneraient ou m'accompagneraient. Après une pause de trois heures, nous reprîmes notre route, nous dirigeant vers l'est. Une chaîne de montagnes qu'on nomme les monts Mamer, et plus loin monts Néguidinguy, se profilait sur le ciel pur, formant un gigantesque cirque, dont les deux extrémités sont, l'une à Médine, l'autre à Malou, à quarante ou cinquante kilomètres l'une de l'autre. De l'autre côté de ces montagnes, je devais trouver la plaine, et je me flattais de pouvoir essayer de la chasse à l'autruche.

La nuit se passa tranquille et sans incident. Le lendemain, après une marche longue et pénible dans les défilés de la montagne, nous nous trouvâmes dans un pays semé de broussailles et de roches nues qui semblent avoir roulé des sommets voisins. Le gibier était abondant ; çà et là, de petits espaces d'une herbe haute et drue offraient des pâturages à de petites troupes de daims et d'antilopes. A la sai-

Paysage du haut Niger.

son sèche ces prairies disparaissent, brûlées par le soleil, et le gibier y devient nécessairement plus rare. Je retrouvai là mes vieux clients des monts Gouraïn, les sangliers, et je tuai un marcassin pour mes hommes. Quant à moi, je fis mon souper du filet d'un faon d'antilope que j'avais tué dans la matinée.

Nous avions dressé notre tente à un kilomètre environ d'un village où je me proposais d'aller le lendemain aux informations. Un superbe baobab, chargé de ces fruits que l'on nomme *pain-de-singe*, — parce que ces animaux en sont particulièrement friands, — nous protégeait de son épais feuillage. Après le souper, je m'assis sur les racines aux contorsions bizarres qui émergeaient du tronc de l'arbre, et je me mis à fumer tranquillement. N'Dabou, couché de son long à quelques pas, fumait aussi, mais, au bout d'un moment, je remarquai l'absence de Kayes. Mes appels restèrent sans réponse. Soupçonnant quelque frasque de mon factotum, je visitai les provisions, mais, pour cette fois, elles étaient intactes, et j'eus beau explorer les environs, je n'aperçus mon homme nulle part. J'interrogeai N'Dabou, qui me répondit que, probablement, il était allé au village.

« Bon ! m'écriai-je ; il va me ramener toute la population ! »

Cette crainte fut vite justifiée : une demi-heure

après, j'aperçus des ombres noires semblables à des fantômes, qui se glissaient silencieusement dans les hautes herbes et les broussailles, approchant insensiblement de mon campement. Je feignis de n'avoir rien vu et restai immobile, assis sur la racine où je m'étais réinstallé après mon inspection. Peu à peu les ombres devinrent plus nombreuses; mais elles s'arrêtèrent à trente pas du baobab, se groupant pour m'examiner, s'il était possible. Mais l'obscurité s'était faite, et, sous l'ombre épaisse de l'arbre, je devais être absolument invisible. Les noirs curieux semblaient se concerter. Une idée me passa dans l'esprit. Je me coulai jusqu'à la tente, et je pris une petite boîte renfermée dans mon sac, puis je revins me poster à trois ou quatre pas en avant du campement. Je battis le briquet, et une fusée éclata tout à coup dans le ciel sombre, le rayant de son sillon de feu. N'Dabou bondit sur ses pieds en poussant un cri d'étonnement, tandis que le groupe de curieux s'enfuyait comme une volée de noirs corbeaux, en remplissant l'air de leurs clameurs d'effroi. Je les poursuivis de deux ou trois nouvelles fusées, dont la dernière éclata en une pluie d'étoiles multicolores jusque sur les toits des cases du village. Je crois que les malheureux noirs durent trembler une partie de la nuit, en songeant au terrible sorcier qui était venu s'installer si près d'eux. J'eus beaucoup de peine à rassurer N'Dabou, qui ne savait pas plus que ses pareils ce que c'était qu'une fusée ; je dus lui assurer à plusieurs reprises que je n'avais pas de mauvaises intentions à son égard et que je ne nourrissais nul projet de l'ensorceler. Quant à Kayes, je ne le revis pas de la nuit, que je passai fort tranquille, bien sûr de n'être pas dérangé.

Le lendemain matin j'étais debout de bonne heure, et j'envoyai N'Dabou au village avec mission de ramener notre cuisinier et, en même temps, quelques habitants afin de les questionner. Je lui recommandai de les assurer de mon amitié et de leur dire que je serais très honoré de leur visite, maintenant que le soleil nous éclairait ; seulement, la nuit, j'étais protégé par un puissant génie qui ne permettait pas qu'on approchât de moi avant d'avoir rempli certaines formalités.

N'Dabou partit convaincu, mais il paraît qu'il eut assez de peine à remplir sa mission. Kayes fut longtemps introuvable, et les habitants du village montraient beaucoup de répugnance à s'approcher du lieu où j'avais élu domicile. Enfin, je le vis revenir accompagné de mon laptot, qui marchait la tête basse, et suivi à distance par un groupe d'indigènes. Je me drapai dans une de mes couvertures, je m'assis sur la caisse de biscuit, — elle commençait fort à se vider, — et j'attendis majestueusement l'arrivée de l'ambassade. Elle n'avait rien de majestueux, elle, et ressemblait plutôt à une troupe de chiens fouettés, tremblant au moindre geste du maître et tout prêts à faire un saut en arrière et à s'enfuir tout à fait s'il lève seulement le bras. Je riais en moi-même de cette comédie, mais je montrais une dignité et une morgue imperturbables.

Les noirs s'arrêtèrent à quelques pas et s'accroupirent sur leurs talons après m'avoir adressé de grandes marques de respect. Je leur fis moi-même un grand salut, et, me tournant vers maître Kayes, qui essayait de se glisser inaperçu, je le tançai vertement. Bien qu'il ne comprît pas le français, il voyait fort bien qu'il ne s'agissait pas de rire ; aussi alla-t-il se cacher derrière la tente en faisant le gros dos. Je fis face alors à mes visiteurs et je chargeai N'Dabou de leur adresser des questions touchant ce qui m'intéressait : la chasse à l'autruche. Les réponses ne me satisfirent point. J'appris que ces oiseaux ne se chassaient généralement pas durant l'hivernage, qui est l'époque de la mue. Du reste, il n'y en avait pas aux environs, et il fallait aller dans l'intérieur, à plusieurs journées de marche, pour en trouver, ou traverser le fleuve et gagner le grand désert. En revanche, il y avait des guépards dans la montagne, et si le *toubab* voulait les chasser, beaucoup d'hommes noirs s'offriraient à l'accompagner. Cette nouvelle racheta un peu le désappointement que me causait l'absence de l'autruche, et j'acceptai la proposition des ambassadeurs avec empressement. Ils se rassurèrent en constatant qu'après tout j'avais l'air d'un assez bon diable de sorcier, et de-

Autruche.

vinrent plus communicatifs. De mon côté, je déposai mon manteau royal, qui m'étouffait, et je discutai les articles du traité en pantalon de toile et en bras de chemise, comme un simple mortel. Puis la séance fut levée, et je mis fin à l'audience en distribuant à mes visiteurs quelques poignées de verroterie, dont ils parurent fort satisfaits.

Après le départ des noirs, je voulus avoir une explication avec mon laptot, et j'allai le dénicher derrière la tente, blotti sous les racines du baobab. Malgré mon indulgence ordinaire, il avait bien vu que j'étais fâché contre lui. Je le fis sortir de son trou et comparaître devant moi, lui faisant comprendre, par l'intermédiaire de N'Dabou, que s'il lui arrivait encore de déserter comme il l'avait fait le soir précédent, il s'exposerait à toute ma colère, dont les conséquences seraient terribles. Cette vague menace fit plus d'effet que tout ce que j'avais pu dire jusque-là de positif, et, bien qu'il fût toujours gourmand, voleur et pillard, je m'aperçus par la suite que je lui inspirais une sorte de crainte respectueuse du plus salutaire effet.

En définitive, le résultat de son escapade m'était profitable, puisqu'il m'assurait pour le moment l'aide du village indigène. Nous partîmes donc, tous trois dans les meilleurs termes, en quête de notre repas, ce qui ne demanda pas grand temps, car je tombai au milieu d'une compagnie de perdrix à quelques pas de ma tente, et le baobab qui nous ombrageait recélait dans son épais feuillage une quantité d'oiseaux. Quelques coups de fusil garnirent notre foyer de nombreux rôtis, et, après la sieste, je donnai une nouvelle audience aux curieux du village, ou plutôt je daignai me montrer à eux; mais j'eus bien soin de les maintenir à une certaine distance, et quand j'en eus assez, je me retirai sous ma tente, dont je laissai retomber la portière. Aucun n'osa m'y suivre, et quand la nuit fut venue, je me trouvai seul et tranquille avec mes deux serviteurs.

C'était le lendemain que devait avoir lieu la chasse au guépard. Dès l'aube nous étions debout, la tente pliée, prêts à partir. Les noirs du village ne se montraient pas encore; je dus envoyer N'Dabou les chercher, et ce ne fut qu'une heure après que nous fûmes au complet. On comprend si je m'impatientais; mais c'est là un mal inévitable quand on a affaire aux noirs; ils n'ont aucune idée, aucun soupçon d'exactitude; ils arriveront tranquillement deux ou trois heures après celle qui a été convenue la veille... Le temps ne leur-appartient-il pas? Qu'importe qu'une chose soit faite le soir au lieu du matin, le lendemain au lieu de la veille?... Enfin vers six heures, au lever du soleil, j'avais autour de moi une troupe d'hommes suffisante pour une battue, et, ne m'inquiétant plus des traînards, qui nous suivraient comme ils l'entendraient, je donnai le signal du départ. Ma troupe se composait d'une vingtaine de noirs vigoureux, dont quelques-uns étaient armés de vieux fusils, — que je visitai tous avec soin. — Plusieurs de ces fusils n'étaient bons qu'à estropier leur propriétaire. Ceux des noirs qui n'avaient pas d'armes à feu portaient de longues lances, les lances des Bambaras, soigneusement affilées.

Nous reprîmes le chemin des montagnes que nous avions franchies, mes hommes et moi, deux jours auparavant. Je n'y avais vu nulle trace de guépard, ni d'aucun autre animal féroce, si ce n'est quelques chacals que j'avais aperçus se glissant au loin dans les fourrés. Mais les nègres assurèrent qu'il y avait un guépard qui, deux ou trois jours avant, avait encore été vu par des femmes du village, emportant un de leurs moutons, et qu'ils étaient sûrs qu'il n'était pas seul, car on entendait souvent des rugissements se répondre de différents points de la montagne.

La chaleur était accablante quand on arriva aux endroits où il fallait commencer à se mettre sur ses gardes. D'énormes broussailles, des rochers, des fondrières, semblaient faits exprès pour servir de refuge à des bêtes fauves. Une échancrure profonde laissait passer un torrent qui, après avoir été retenu par des roches aux parois presque perpendiculaires, allait s'étendre dans la plaine, où il formait un marigot dont on apercevait au loin les eaux verdâtres. Évidemment, à la saison sèche, ce torrent tarissait et le marigot se desséchait. Nous fîmes une courte halte auprès du torrent, que nous laissâmes sur notre droite, et nous nous concertâmes pour prendre les dispositions nécessaires à une battue. Je me postai au centre du demi-cercle que je fis former par les hommes armés de fusils, tandis que le reste de la troupe, escaladant les premières assises de la montagne, battait les buissons, fouillait les rochers et les fondrières en poussant des cris à faire dresser les cheveux sur la tête et en frappant à droite et à gauche de leurs lances et de leurs bâtons. Cette manœuvre eut pour résultat de faire dévaler vers nous une quantité de pauvres bêtes affolées, cerfs, antilopes, hyènes, hyrax, poules de pharaon, pintades, sangliers, chacals, etc., etc., et surtout des légions de singes, qui s'enfuyaient en faisant les gambades les plus réjouissantes qu'on pût voir; mais de guépards, point! La battue se continua durant plusieurs heures sans qu'on fît lever un seul de ces redoutables animaux.

Le soleil dardait sur nous ses rayons de plomb fondu. Malgré mon casque de liège, il me semblait sentir ma cervelle bouillir sous mon crâne. Je fis comprendre qu'il était nécessaire de prendre un peu de repos. Nos fusils n'avaient pas été inactifs, et un respectable monceau de gibier promettait un ample déjeuner à toute la troupe. Bientôt, tout le monde fut rassemblé en trois ou quatre groupes, des feux furent allumés, et l'air fut rempli de senteurs culinaires... entendons-nous : de l'odeur de la chair grillée sur les charbons; car, naturellement, c'était toute la sauce à laquelle on accommodait la viande. Après le repas, les noirs allèrent boire au torrent, couchés à plat ventre sur la rive, et humant à même à longues lampées, selon leur habitude. Puis chacun s'arrangea pour la sieste d'une heure que j'avais autorisée.

Je m'étais moi-même établi à l'ombre parcimonieuse d'un petit bouquet de palmiers à hautes tiges surmontées d'un maigre panache de longues feuilles effilées, et mes yeux erraient sur les accidents de terrain que me montrait le flanc de la montagne. J'ai déjà dit que je dormais très rarement dans le jour, à moins de grandes fatigues précédentes; l'heure de la sieste pour moi se passait donc lentement à fumer ou à écrire mes notes. Le soleil dardait ses rayons sur le sol, éclairant les moindres replis de sa lumière crue et presque perpendiculaire, qui ne projette, par conséquent, qu'une ombre restreinte. Çà et là les parois rocheuses du torrent montraient une fissure, une anfractuosité où la lumière ne pouvait pénétrer, et alors ce creux devenait noir comme la gueule d'un four. De l'endroit où j'étais placé, j'apercevais toute la muraille de droite, se dressant au-dessus des flots bouillonnants du torrent, furieux d'avoir à se resserrer dans l'étroit passage qui n'avait pas plus de huit à dix pieds de largeur. Mon regard, fatigué par la réverbération de ce soleil brutal, s'accrocha machinalement à une étroite langue d'ombre qui se montrait sur la paroi rocheuse. Cette ombre était formée par l'entrée d'une ouverture qui n'avait pas deux pieds de largeur, mais qui, en revanche, en accusait cinq à six de hauteur, se terminant en une pointe où le rocher semblait se refermer comme sur une fenêtre ogivale. Je regardais distraitement cette fissure, fermant parfois les yeux pour les reposer, lorsqu'il me sembla voir apparaître quelque chose à l'orifice. Tout d'abord, je pensai que cette étroite caverne servait de domicile à quelque singe cynocéphale qui s'y était réfugié lors de notre battue et qui, n'entendant plus de bruit maintenant, cherchait à se rendre compte si les ennemis étaient éloignés. Toutefois, une sorte d'intuition me fit prendre mon fusil et regarder à l'entrée du trou avec plus d'attention. Un long moment s'écoula sans que je visse rien se montrer, et je commençais à croire que je m'étais trompé et que mon regard fatigué avait été le jouet d'un mirage, quand, cette fois, je vis distinctement une grosse tête ronde apparaître à l'ouverture; elle n'y resta que quelques secondes et disparut aussitôt dans l'ombre; mais j'en avais vu assez pour être certain que cette tête devait être celle d'un guépard ou d'une lionne.

Un battement de cœur me saisit et, me glissant avec précaution vers N'Dabou, qui dormait à quelques pas de moi, je l'informai vivement de ce que j'avais vu. On réveilla les noirs avec le moins de bruit possible, et cinq minutes après, nous nous glissions tous silencieusement vers le torrent. Moi, N'Dabou et quelques-uns des hommes armés de fusils, nous nous postâmes sur la rive gauche, formant, autant que la nature abrupte et tourmentée du terrain nous le permettait, un demi-cercle devant l'ouverture de la caverne. Notre position n'était pas très avantageuse, car la paroi de rochers de la rive que nous occupions était plus élevée que celle du côté opposé, et nous nous trouvions forcément au-dessus de l'orifice, ce qui faisait que, si le guépard sortait, il faudrait le tirer de haut en bas. En définitive, si la grotte n'avait pas d'autre issue, il faudrait bien qu'il sortît, dussions-nous l'y forcer en l'enfumant. Ce fut le parti que nous dûmes prendre; car, après une longue heure de faction, notre bête n'avait pas donné signe de vie, et certainement, si nous n'en finissions pas avant la nuit, elle nous échapperait indubitablement.

Un fagot de brousses et d'herbes sèches fut vite ramassé par mes hommes : j'y mis le feu, et, au moyen d'une longue lance, on le jeta dans la caverne, à deux pieds de son orifice. Une épaisse fumée ne tarda pas à s'échapper de cet amas de mince combustible, et bientôt nous entendîmes un mouvement se produire dans la cavité, mouvement bientôt suivi d'un rauque grognement; puis, tout à coup, une masse jaunâtre se montra à l'ouverture, deux yeux sanguinolents se fixèrent sur nous, et la bête se ramassa pour sauter au-dessus du brasier...

Je lâchai mes deux coups de fusil presque simultanément, et cinq ou six des noirs en firent autant; mais la puissante bête s'était déjà rejetée en arrière, et les balles vinrent s'aplatir sur la corniche du rocher. Je ne jurerais pas, cependant, qu'une de mes balles, en ricochant sur la pierre, n'alla pas frapper le guépard, car il poussa un sourd rugissement. Toutefois, la blessure ne pouvait être grave, en admettant même qu'il fût blessé, et, faisant signe aux noirs de recharger au plus vite, je glissai moi-même lestement deux cartouches dans les canons de mon fusil. A peine relevais-je mon arme et étais-je en mesure de tirer que la bête, ne pouvant plus résister à la fumée, qui devenait de plus en plus épaisse, reparut à l'ouverture et, n'hésitant plus, cette fois, s'élança d'un bond au-dessus du torrent. Mes deux coups n'en firent qu'un... j'étais placé juste en face de l'orifice de la caverne, à deux ou trois pas du bord. Mes balles frappèrent l'animal de haut en bas, au milieu de son élan, et l'arrêtèrent certainement dans son mouvement de projection, car il eût dû m'atteindre et me renverser; ses puissantes griffes s'accrochèrent au rebord du rocher, où il resta agrafé l'espace de trois ou quatre secondes... juste le temps de tirer mon revolver de ma ceinture... Les yeux de la terrible bête roulaient comme des charbons ardents, et sa gueule sanguinolente mordait furieusement le rocher... Je dirigeai vers cette gueule ouverte le canon de mon arme ; mais, avant que mon doigt eût pressé la détente, la roche cédait sous le poids de la bête, et elle tombait dans le torrent, qui la roulait dans ses flots, déchirant le corps aux aspérités des rochers qui formaient son lit.

Un cri s'éleva, et quelques coups de fusil partirent encore parmi les noirs, car il leur avait fallu plus de temps qu'à moi pour recharger, et ils se donnaient le plaisir de tirer au hasard sur le guépard, dont on apercevait parfois le corps durant l'espace d'une seconde, au milieu des remous du torrent. Tout cela, d'ailleurs, s'était passé en moins d'une demi-minute, et nous nous précipitâmes tous au bas de la montagne pour tâcher d'aller repêcher notre proie avant que le torrent, devenu ruisseau, l'eût entraînée au marigot, où elle eût vite été dévorée soit par les caïmans, si elle fût restée dans l'eau, soit par les vautours, si un flot l'eût jetée sur le bord. Je laissai les noirs prendre l'avance sur moi, bien certain qu'ils repêcheraient notre animal. En effet, à un kilomètre environ de l'endroit où le guépard avait été tué, je vis les noirs s'arrêter et se grouper sur la rive. Une roche, roulée sans doute de la montagne par une tornade, obstruait le cours du torrent rapide, qui, à cet endroit, se divisait en deux branches devant l'obstacle, non sans venir s'y briser avec furie. Le corps du guépard venait d'être attiré sur la rive quand j'arrivai, mais brisé, rompu, broyé, déchiré, méconnaissable; ce n'était plus qu'une masse sans nom de chairs, d'os, de peau. Je regrettai vivement la magnifique dépouille de notre victime, qui eût fait un splendide trophée de notre victoire. Les noirs fabriquèrent incontinent une sorte de civière, sur laquelle ils déposèrent les restes informes de la terrible bête, voulant montrer à toute la tribu le résultat de notre chasse. Nous reprîmes donc le chemin du village, précédés de cette sanglante dépouille.

Je retins auprès de moi N'Dabou et Kayes, et restai à dessein un peu en arrière des indigènes. Ma tente fut dressée à nouveau sous mon baobab, et le feu fut allumé pour le souper. J'entendais les cris joyeux s'élever du village, où l'on applaudissait au retour des vainqueurs. Toutefois, je vis bientôt que, différant en cela de ce qu'auraient fait beaucoup d'hommes civilisés, mes sauvages ne s'attribuaient pas seuls la victoire, car une députation m'arriva bientôt, « invitant le toubab à venir au village assister à un tam-tam en son honneur ».

Je ne pouvais refuser, et je promis de me rendre au village dès que j'aurais soupé. Une heure après, la nuit étant tout à fait venue, je me rendis aux cases, après avoir fait comprendre à mon cuisinier que j'entendais qu'il n'allât pas vagabonder autour des cases, et que je voulais qu'il demeurât auprès de moi. N'Dabou n'avait pas besoin de semblables recommandations; car, passionné pour la chasse, rien ne valait pour lui les charges de poudre que je lui donnais, et il n'aurait pas voulu me mécontenter, de crainte de voir suspendre ces bienheureuses distributions.

Quand j'arrivai sous le gros arbre qui forme le centre de presque tous les villages africains, la population entière y était déjà rassemblée. Les femmes, groupées toutes ensemble, me regardaient curieusement d'un air craintif, se reculant peureuses si un de mes mouvements me rapprochait d'elles. Les hommes étaient rassemblés autour de l'arbre. Un grand feu éclairait tout ce peuple noir, pour qui ma venue était un événement. Beaucoup, parmi les hommes, avaient déjà vu des blancs; nos postes de Médine et Bafoulabé ne sont pas assez éloignés de ce village pour qu'ils n'y aient pas quelques relations, mais je crois bien que peu, et peut-être point de femmes, n'avaient encore eu ce spectacle, car les scènes du village riverain du Sénégal où j'avais été un soir avec Magaye, se renouvelèrent, et je dus, pendant un certain temps, me prêter à satisfaire la curiosité de ces dames. D'abord elles agirent avec timidité et discrétion, regardant ma figure, s'étonnant de mes yeux bleus, — inconnus parmi les noirs,

— examinant mes mains, mes habits, mes bottes; peu à peu ma complaisance les enhardit; quelques vieilles femmes devinrent plus entreprenantes et osèrent me toucher, ce qu'aucune n'avait fait jusque-là. Je les repoussai doucement d'abord, m'amusant de leurs étonnements; mais elles revinrent à la charge, et bientôt leur importunité fut telle que je perdis patience et leur fis brusquement signe de s'éloigner, ce qu'elles firent en poussant de petits cris d'effroi.

Bientôt le tam-tam commença. Deux hommes d'abord se mirent à sauter, à tourbillonner, à culbuter au son uniforme de l'orchestre indigène; bientôt deux autres se joignirent à eux, puis quatre, puis dix, entraînés par l'exemple et probablement par la musique; tout cela formait une sarabande fantastique, éclairée par les lueurs inégales du foyer, et, sous le ciel noir, au milieu de ce cercle de noires figures grimaçantes de rire, avec cet orchestre à porter le diable en terre et à faire hurler les chiens, accompagné par les battements de mains des femmes et leurs cris aigus semblables à des sifflets de locomotive, tout cela, dis-je, doit donner une idée des divertissements d'une légion de démons dans les antres infernaux.

Assis à côté des anciens de la tribu, sous le tamarinier à l'épais feuillage, j'assistai impassible à ce spectacle qui passionne les races noires.

Cependant on se lasse même des choses les plus originales, surtout quand on s'est fatigué dans la journée et qu'il est près de minuit; du train dont les danseurs y allaient, je prévoyais qu'il y en aurait jusqu'à l'aube; puis j'étais un peu blasé sur les tam-tams, en ayant vu, depuis mon séjour en Afrique,

Un Bambara (interprète).

de toutes sortes et de tous genres. Je n'avais consenti à assister si longtemps à celui-ci que parce qu'il était donné en mon honneur et en celle du guépard mort; puis, avouons-le aussi, parce que cela m'amusait infiniment de jouer au grand personnage, et que je m'étais dit qu'il fallait profiter d'une occasion qui ne se représenterait peut-être plus. Au prochain village, en effet, je pouvais être reçu à coups de flèches comme un voleur; je m'en consolerais en pensant qu'ici j'avais été reçu comme un magicien et un roi.

Enfin, à minuit, continuant mon rôle de personnage important, je jugeai qu'il était temps de lever la séance, et j'ordonnai à N'Dabou de partir devant avec Kayes; — ce dernier avait pris part au tam-tam comme un enragé; — puis, quelques instants après leur départ, et afin de me retirer dans toute ma gloire, je me levai, je fis un profond salut à toute l'assistance et, dans le grand geste que je fis pour ce salut, j'approchai le feu de ma cigarette d'une fusée que j'avais prise dans mes poches; je lançai en même temps trois ou quatre autres pièces d'artifice, fusées, chandelles romaines, serpentins, dans le foyer, où elles éclatèrent dans les jambes des noirs, provoquant des exclamations, des cris, un tumulte, un hourvari à la faveur duquel je m'esquivai, laissant tout le village sous l'impression de ma toute-puissance.

XVI

Le lendemain matin, je partis à la pointe du jour. Comme j'avais acquis la certitude que ce n'était ni le lieu ni la saison pour chasser l'autruche, je préférais venir rejoindre les rives du fleuve, qui m'offraient beaucoup plus de ressources. J'y avais vu nombre d'hippopotames; et si je n'avais pas essayé d'en tuer quelques-uns, c'est que je manquais, à ma grande mortification, des projectiles nécessaires pour trouer la peau épaisse de ces énormes animaux. En France, avant notre départ, lorsque nous avions acheté nos armes, j'avais fait pour moi seul une commande spéciale de balles à pointe d'acier et de balles explosibles. Les avait-on oubliées, ou M... et mon frère, qui avaient l'enfantillage de redouter les suites de mes projets cynégétiques, les avaient-ils décommandées à mon insu? Je n'ai jamais pu tirer la chose au clair... Toujours est-il qu'en déballant à Kayes ma caisse de munitions, je trouvai tout ce que j'avais commandé, sauf mes balles explosibles et à pointe d'acier. Mon désappointement fut grand, mais que faire ? Je donnai commission au second du *Tamsit* de m'en faire parvenir — si possible — par la première occasion qu'il trouverait à son retour à Saint-Louis; mais je comptais fort peu qu'il pût s'acquitter de cette commission. Dire combien de fois je pestai en songeant à ce manque de projectiles presque indispensables pour la grosse bête est impossible ! Trois ou quatre fois, tenté par l'occasion, je déchargeai mon fusil sur des hippopotames; mais mes balles rondes, comprimées cependant dans un canon rayé, s'aplatissaient sur leur épaisse cuirasse ou ne leur faisaient que des blessures insignifiantes, qui n'avaient d'autre résultat que de les faire plonger et disparaître immédiatement. Une seule fois j'en atteignis un à la tête, soit à l'œil, soit dans sa large gueule, — les seuls endroits vulnérables, ainsi que les oreilles, à des projectiles ordinaires; — mais, après avoir tourbillonné sur lui-même l'espace de quelques secondes, il plongea, et j'eus beau arpenter la rive du marigot où je l'avais tiré, je ne le revis plus. D'ailleurs l'hivernage n'est pas non plus la bonne saison pour chasser l'hippopotame. Les eaux hautes partout, les marigots gonflés par les pluies, lui procurent des refuges sûrs, où il est très difficile d'aller le trouver et impossible de le déloger. La nuit seulement, il sort de l'eau pour aller pâturer l'herbe épaisse qui tapisse les bords de ses humides demeures. Et comme, durant l'hivernage, l'herbe abonde, il n'est pas forcé de s'éloigner pour satisfaire son appétit, et au moindre bruit il se retire dans l'eau. A la saison sèche, c'est autre chose : les marigots et les torrents se tarissent, l'herbe sèche et devient rare ; il lui faut alors chercher plus péniblement et plus longuement sa nourriture, et l'on a souvent le temps de le tirer et de le tuer avant qu'il puisse se dérober par la fuite et gagner le cours d'eau dans les environs duquel il se tient toujours. Une fois à l'eau, il est perdu pour le chasseur, si blessé soit-il ; son énorme corps va au fond et est emporté par le courant et dévoré par les caïmans. C'est pourquoi il est parfaitement inutile de le tirer quand on le voit à la nage, et, sauf trois ou quatre fois où, ainsi que je l'ai dit, je voulais me rendre compte de la puissance de mes projectiles, je les laissai parfaitement tranquilles, à ma grande mortification, convenons-en. Du reste, la chasse à l'hippopotame n'est pas sans dangers ; inoffensif et fuyard tant qu'il n'est pas blessé, l'énorme pachyderme devient furieux au premier sang, pousse des hurlements qui attirent ses congénères, et, si vous êtes en pirogue, il cherche à vous attaquer, mordant même de ses puissantes mâchoires les bords de l'esquif. C'est à terre, je le répète, qu'il faut le tirer ; là ses mouvements sont trop lourds et trop lents pour avoir beaucoup à risquer; et il semble qu'il ait conscience lui-même de cette défectuosité de sa nature, qui le met à la merci de ses ennemis, car ce n'est que la grande nécessité qui le fait s'éloigner de l'eau, où il est dans son élément et dans laquelle il nage avec une légèreté et une facilité dont on est surpris chez un animal aussi massif.

Mes munitions commençaient à diminuer. Je résolus de revenir à Kayes en chercher d'autres et me reposer un peu, tout en laissant s'écouler encore quelque temps de cet hivernage qui mettait obstacle à beaucoup de mes visées. Un soir, la veille du jour où je comptais être à Kayes, nous dressâmes notre tente sur un petit tertre sablonneux où se trouvait un seul gros arbre semblable à une sentinelle en vedette avancée. L'air était lourd, épais; la respiration était difficile; la sueur nous ruisselait sur le corps, et le moindre mouvement devenait une fatigue... Notre tente dressée, nous n'eûmes pas le courage de faire cuire notre souper et nous nous contentâmes de quelques fruits du baobab qui nous abritait, et qui sont, à ce qu'on dit au Sénégal, souverains contre la dysenterie. Une tornade se préparait évidemment, bien qu'on ne vît pas encore de nuages au ciel et que pas un souffle de vent n'agitât une feuille. On se coucha, et je restai sans dormir, bien qu'assoupi dans une douloureuse somnolence, pendant un temps assez long; il me semblait qu'un cercle de fer me pressait le front au point de faire éclater mes tempes, ébranlées par d'insupportables battements semblables à ceux d'un pendule. Soudain un éclair déchira le ciel noir, et l'on eût dit que c'était le signal donné aux éléments pour déchaîner toutes leurs furies. Le vent, le tonnerre, la pluie, éclatèrent de concert avec une violence sans nom ; en un clin d'œil ma tente fut renversée, et nous nous trouvâmes inondés, submergés, sous les torrents de pluie dont aucune de nos pluies européennes ne peut donner une idée, une pluie qui tombe sur vous brutalement, vous assommant sous la violence et la force de projection de ses gouttes grosses et lourdes comme des moellons. Le vent, dans ses accès de folle rage, nous soulevait de terre, ne nous permettant même pas de chercher un abri contre sa fureur entre les racines saillantes du baobab, qu'il tordait et battait en brèche, l'ébranlant sur sa base puissante. Les éclairs nous brûlaient les yeux, le tonnerre nous assourdissait, et inertes, abrutis par ces colères titanesques, nous nous laissions ballotter comme des paquets, allongés sur le sol inondé, impuissants à nous tenir debout. Combien dura cette tornade, je ne saurais le dire; par moments je me sentais soulever de terre sous un flot qui me forçait à me cramponner à des broussailles, à des racines que je trouvais sous mes mains tâtonnantes; je me rendais compte que j'étais entraîné, et bien m'en avait pris d'avoir choisi une éminence pour notre campement, car dans un fond nous aurions été inévitablement submergés.

Enfin, un coup de tonnerre formidable et prolongé, répercuté par mille échos formés sans doute par différentes couches électriques, éclata. Une trombe d'eau m'ensevelit sous ses flots, puis, tout à coup, sans transition, le silence se fit et la lune se mit à briller. Je ne puis dire si je fus longtemps à me remettre ; mais, quand je me relevai, le ciel était pur et la lune montrait innocemment son disque éclatant dans le ciel d'un bleu sombre. Au loin, très loin, on entendait encore comme le roulement prolongé et sourd de nombreuses batteries d'artillerie. J'appelai mes hommes, qui me répondirent de points différents et, m'orientant de mon mieux, j'aperçus notre arbre mutilé à une certaine distance. Tout grelottant, après une pareille immersion, je regagnai le lieu de notre campement, m'attendant à ne plus rien retrouver de mon bagage. En faisant une inspection sommaire au clair de la lune, je vis avec joie que les grosses racines chevelues de l'arbre avaient retenu la tente, et que mon sac était accroché par les bretelles à un buisson voisin. Je remis au lendemain matin à rechercher mes couvertures et les quelques ballots de peaux d'oiseaux que je rapportais de mon excursion.

Le reste de la nuit fut pénible à passer. Mais au matin un soleil brillant éclaira le paysage rafraîchi.

De profondes ravines avaient été creusées par la violence de la pluie; notre baobab était en partie dépouillé de ses branches et de ses feuilles; les hautes herbes d'une sorte de prairie descendant en pente douce jusqu'à un petit cours d'eau étaient couchées comme si un rouleau eût passé dessus; le ruisseau que nous n'apercevions la veille qu'à de rares échappées, de la hauteur où nous étions campés, était transformé maintenant en un torrent, dont les eaux jaunes et chargées de masses d'écume débordaient à droite et à gauche. Toute la nature, en un mot, portait des traces de la grande colère de la nuit précédente.

Nous nous mîmes tout d'abord en devoir de chercher nos bagages. Nous eûmes la chance de retrouver presque tout, accroché soit dans les racines du baobab, soit aux broussailles des alentours. Tout mon bien consistait d'ailleurs en fort peu de chose : ma tente, mon sac, mes deux couvertures et deux boites, l'une contenant des munitions, l'autre ayant contenu le biscuit, vide maintenant, et que j'avais remplie de peaux d'oiseaux, en plus de deux autres paquets que je ne retrouvai pas et que je regrettai, car ils contenaient de belles peaux d'oiseaux, une d'antilope et beaucoup de soies de sangliers. Je visitai tout ce qui me restait; l'eau avait naturellement pénétré partout, malgré les enveloppes imperméables. J'étendis mon linge au soleil, et en peu d'instants il fut sec.

Quant aux peaux d'oiseaux qui me restaient, je les

Un baobab.

considérais comme perdues ; l'eau, en pénétrant dans la caisse, avait détrempé le savon arsenical dont elles étaient enduites, et tout cela avait très mauvaise mine. Je les étendis aussi au soleil; mais la suite justifia mes prévisions, et je dus les jeter. Le fruit de mon excursion se trouva donc complètement perdu.

Notre tente fut dressée de nouveau, ne fût-ce que pour la sécher, et, après que N'Dabou et moi eûmes nettoyé nos armes, ce qui nous donna une peine inouïe, nous nous mîmes en quête du déjeuner. La seule chose qui n'avait pas subi les atteintes de l'eau était ce qui me restait de mes munitions, bien enfermées dans des boîtes spéciales en fer. Nous fîmes promptement une bonne chasse, et nous revînmes bientôt pourvus des éléments d'un ample repas, dont nous avions tous trois un furieux besoin. La faim me talonnait à tel point que je ne pris pas le temps de faire rôtir mon déjeuner à la ficelle, selon mon habitude, — ce qui demande toujours un certain temps, — et que j'imitai mes noirs, posant la viande sur les charbons ardents et la dévorant à peine grillée... Quels puissants condiments que la faim et la nécessité! Je n'avais même pas de sel, — il était fondu, — et je fis cependant un des meilleurs repas dont j'aie gardé le souvenir.

Après le déjeuner, mes hommes se couchèrent comme d'habitude, et, durant leur sieste, je m'occupai à remettre mon bagage en ordre. La lessive qu'il avait subie ne l'avait pas blanchi, tant s'en faut; mais il était sec maintenant, et c'était l'essentiel. Dans l'après-midi, jusqu'au coucher du soleil, nous fîmes une bonne étape, et, après une nuit tranquille, nous nous remîmes en route le lendemain matin. Nous fûmes de retour à Kayes dans le courant de cette journée ; mon absence avait duré dix-sept jours. Je donnai rendez-vous à N'Dabou et à mon cuisinier factotum pour la fin de la semaine suivante, et nous nous séparâmes les meilleurs amis du monde, très satisfaits chacun de notre côté de notre excursion.

XVII

Je retrouvai M... tout dolent et atteint de la fièvre intermittente. Le pauvre garçon semblait fort abattu par moments, quand l'accès le prenait, puis, le soir, il se trouvait mieux. Notre pharmacie de voyage était amplement pourvue de sulfate de quinine, et il s'en administrait de fortes doses, qui ne semblaient cependant pas lui faire grand effet. Il avait été voir le chirurgien du poste, qui lui avait conseillé de persister dans cette médication, disant qu'il n'y avait pas d'autre remède contre la fièvre, si ce n'est de quitter le pays; que c'était un tribut qu'il fallait payer au climat, et que bien heureux étaient ceux qui s'en tiraient sans maladies plus graves, dans une région réputée partout, au Sénégal même, pour son insalubrité.

Quant à moi, vigoureux et robuste comme je l'étais, toujours en mouvement, il me semblait que j'étais hors de cause et que ma santé était à toute épreuve. En France, ne prenant jamais aucune précaution hygiénique, je n'avais jamais eu lieu de m'en repentir, et, confiant dans cette impunité, je croyais avoir fait un pacte avec la santé de fer que je m'étais toujours connue.

Cependant, la nuit qui suivit mon retour, après m'être couché avec un sentiment de bien-être sur mon lit de campement, qui me semblait une volupté de satrape après les nuits passées sur la terre nue, je fus réveillé brusquement, vers deux ou trois heures du matin, par d'atroces douleurs abdominales. Je me levai, je marchai, je sortis, je me recouchai ; mais la souffrance, loin de se calmer, augmenta à tel point que je me roulais à terre dans des convulsions de forcené ou d'épileptique. Quand le jour parut, j'étais toujours dans le même état, souffrant comme un damné.

« C'est la tornade d'avant-hier, » me disais-je.

J'avais entendu dire mille fois, en effet, qu'un Européen qui était trempé par une tornade était certain d'avoir la fièvre au bout de deux ou trois jours et même moins.

« Prenez de la quinine, » me dit M...

Mes dents claquaient sous la souffrance, et il me fut impossible d'avaler l'amer remède.

Voyant que les atroces douleurs que j'endurais augmentaient au lieu de se calmer à mesure que le temps marchait, je pris le parti d'aller voir le chirurgien du poste. J'ai dit que notre case se trouvait en face de la caserne hôpital-magasin, dont la largeur de la place — cinquante mètres environ — nous séparait. Ce fut pour moi un terrible travail de franchir ce court espace, et je ne saurais dire combien de temps je mis à faire ce trajet, m'arrêtant presque à chaque pas, me traînant deux ou trois autres, puis m'arrêtant encore, suffoqué par les tortures que j'endurais. Arrivé enfin à la grande bâtisse qui, ainsi que je l'ai dit plusieurs fois, sert tout à la fois de logement d'officiers, de magasin et d'hôpital, je me trouvai en face d'un escalier qu'il s'agissait de monter pour gagner le cabinet du docteur, faisant à ce moment sa visite à l'hôpital. Je crus que je n'aurais jamais le courage de gravir l'escalier. Enfin, rassemblant toute mon énergie, je montai littéralement à quatre pattes et, arrivé dans le cabinet du chirurgien, je me couchai tout de mon long sur la natte qui garnissait le parquet, me roulant dans des convulsions atroces. Un noir, qui servait de domestique au docteur, alla le chercher. Il vint au bout de quelques instants, m'examina et, écartant mes vêtements, passa son doigt sous la dernière fausse côte de droite. Ce léger attouchement me causa une douleur tellement aiguë que je ne pus retenir un cri. Le docteur désigna au noir un flacon de calomel, dont celui-ci me fit prendre la dose désignée, puis, s'adressant à moi :

« Si vous restez ici, me dit-il, demain soir vous serez mort. Le *Dagana,* qui est ici, part demain matin pour Saint-Louis; embarquez-vous vivement, profitez de cette occasion; je vais donner des ordres en conséquence; il y en a assez qui meurent ici sans pouvoir faire autrement! »

Le noir m'aida à descendre l'escalier, ce qu'il m'eût été absolument impossible de faire tout seul.

« Malade! bien malade, hein! me dit ce garçon d'un ton de compassion; pays bien mauvais pour blancs! Partir vite! »

Je revins péniblement à notre case, où je me laissai tomber sur mon lit. Je n'étais pas encore décidé à suivre le conseil du docteur et à revenir à Saint-Louis; mais toute la journée le mal augmenta encore, s'il était possible. Notre voisin, ce traitant noir dont j'ai parlé et qui se montrait si obligeant pour nous, vint me voir plusieurs fois.

« Il faut partir, me dit-il; tu es bien malade. Pays mauvais pour vous; très mauvais.

— Cela ira peut-être mieux demain, lui dis-je.

— Non! plus mal; tu verras. Il y a un bateau, prends-le; si le bateau part sans toi, on ne sait quand il en viendra un autre; tu ne pourras plus partir, et mourir... toi mourir certainement. »

Trois ou quatre autres noirs d'importance, avec qui nous avions eu des rapports, vinrent me voir dans la journée. Tous me répétèrent la même chose.

« Mauvais, mauvais pays pour les blancs.

— Mais vous, leur dis-je, n'êtes-vous donc

jamais malades? L'insalubrité de ce climat n'a-t-elle donc pas de prise sur vous ?

— Nous indigènes ; malades quelquefois... fièvre, dysenterie... mais guérir... Pour blancs, mauvais pays. Combien de morts ! » ajoutaient-ils avec un geste éloquent.

La nuit fut atroce. Quand le jour parut, je n'avais pour ainsi dire plus la force de me traîner. J'étais résolu à partir pour Saint-Louis. Je le dis à M..., qui, lui, devait attendre mon frère, avec qui il avait des intérêts particuliers. Je rassemblai mes effets comme je pus, aidé de ce brave garçon de noir qui s'était mis si obligeamment à notre disposition, et je fis retenir mon passage sur le *Dagana*, l'aviso à vapeur qui se trouvait en partance sur le Sénégal et qui levait l'ancre à midi. Mon brave N'Dabou vint me dire adieu d'un air rempli de compassion ; le bruit de ma maladie et de mon départ s'était déjà répandu comme une traînée de poudre, et beaucoup de noirs accoururent, les uns pour me dire adieu, les autres pour savoir si je ne voulais pas me défaire de mes armes, qu'ils convoitaient. Je gardai mes armes, naturellement, bien qu'un vieux traitant de Médine me fît offrir un bon prix d'un de mes fusils. J'espérais me remettre promptement à Saint-Louis et revenir, soit à Kayes, soit ailleurs, reprendre le cours de mon excursion.

A midi, aidé par le noir, je me traînai à bord ; il

était temps : la cloche du départ sonnait sur le *Dagana*... Mais j'avais eu bien des choses à faire en ces quelques heures de la matinée, surtout anéanti par la souffrance comme je l'étais. Je me laissai tomber sur un banc, sur le pont du *Dagana*, absolument à bout de forces. Je n'ai gardé qu'un souvenir confus de la traversée, qui s'effectua, je crois, en cinq jours, le courant du fleuve se dirigeant vers la mer entraînant rapidement les bâtiments, qui mettent quatre ou cinq fois plus de temps pour le remonter à partir de son embouchure, comme nous avions fait avec le *Tamsit*. Le seul souvenir distinct qui se dégage pour moi de ce voyage est celui d'une grande souffrance suivie d'un abattement, d'un anéantissement complets, qui faisaient surtout de mes nuits d'intolérables supplices. La chaleur suffocante de ma cabine, les morsures cruelles des moustiques, le bruit de la machine qui me fendait la tête, me torturaient au delà de toute imagination. Le jour, je me couchais sur le pont, à l'ombre de la tente, et j'y restais relativement plus tranquille, inerte, abruti, incapable de joindre deux idées ensemble. J'ai encore une vague souvenance de l'arrivée du *Dagana* à Saint-Louis. J'étais sur le pont, couché sur un banc ; je vis tous les passagers quitter le navire, en jetant sur moi des regards de pitié qui disaient clairement : « Cet homme va mourir ! » J'étais incapable du moindre mouvement. Le capitaine vint à moi.

« Allons! me dit-il, nous voici arrivés; voilà le moment de débarquer.

— Oui, capitaine, répondis-je.

— Voyons! un effort! Tâchez de vous lever. Tous les passagers sont débarqués.

— Oui, oui, capitaine... » murmurai-je machinalement, sans faire un mouvement, sans chercher à quitter l'endroit où je ne sais comment j'étais venu.

Le capitaine comprit l'état d'atonie dans lequel j'étais, car il appela du monde, et je me souviens encore que deux hommes me prirent chacun sous un bras et me débarquèrent, ainsi que mes bagages. J'ai su depuis que le capitaine avait veillé à les faire envoyer à l'hôtel où j'avais résidé durant mon précédent séjour à Saint-Louis; j'étais absolument incapable de m'en occuper, et l'on m'eût volé mes habits sur moi que je n'eusse pas fait un signe pour l'empêcher. Ma sacoche, lourdement chargée de grosses pièces de cinq francs, avait dû être abandonnée dans ma cabine comme le reste. Je retrouvai tout intact plus tard, et j'en témoigne ici mes remerciements au capitaine du *Dagana*. Sans lui, sans son attention et sa sollicitude, je pouvais, à ma guérison, me trouver sur le pavé de Saint-Louis sans vêtements et sans argent.

Les hommes qui me soutenaient pour me faire débarquer, craignant sans doute de me voir mourir entre leurs bras, me firent entrer dans une maison près du quai. Je me souviens confusément, comme d'un rêve, qu'une dame empressée et plusieurs autres personnes m'entouraient, me questionnaient et essayaient de me faire avaler un breuvage quelconque..Je me rappelle encore que le gérant de l'hôtel où nous avions passé le temps de notre séjour à Saint-Louis, et M. de L..., avec qui nous avions fait la traversée sur la *Sarthe,* vinrent me prendre la main, me parler (j'ai su depuis que le capitaine du *Dagana* les avait fait prévenir lorsqu'il avait donné l'ordre de porter mes bagages à l'hôtel)... Puis, je n'ai plus conscience de rien.

. . . .

Quand la connaissance me revint, je me trouvai dans un lit propre et blanc; mes yeux errèrent, surpris, tout autour de moi... Par une porte ouverte je voyais d'autres lits, dont quelques-uns étaient occupés; quelques personnes allaient et venaient dans cette grande salle pleine d'ombre. Je voulus faire un mouvement... je n'y pus réussir; j'étais solidement attaché dans mon lit avec de larges bandes de linge. Un noir accourut auprès de moi, me montrant sa large face souriante.

« Mieux? hein? mieux? me dit-il.

— Où suis-je? demandai-je.

— Hôpital militaire... Mort l'autre jour... aujourd'hui mieux, hein? »

Une religieuse à la douce et calme figure ombragée sous son voile noir vint auprès de mon lit et m'examina. J'appris alors que, cinq jours avant, on m'avait apporté mourant à l'hôpital maritime, et que j'étais resté tout ce temps sans connaissance. Les liens qui me retenaient furent enlevés, mais il me fut néanmoins impossible de faire un mouvement; ma faiblesse était telle que je ne pouvais même soulever un bras, et que les quelques phrases que j'avais prononcées pour me renseigner m'avaient épuisé.

Je restai inerte sur ma couche, anéanti dans ma faiblesse indicible, mais gardant cependant ma connaissance, qui ne m'abandonna jamais depuis. Le docteur vint à son tour.

« Cela va aller mieux, maintenant, me dit-il; vous avez été pris de la belle façon. »

Je ne souffrais pas, et je n'ai pas conscience d'avoir souffert depuis mon débarquement. Je fus admirablement soigné, et je remplis ici un devoir de reconnaissance en témoignant ma gratitude à la religieuse qui me prodigua les encouragements et les soins les plus attentifs. Le brave noir aussi, qui servait d'infirmier, a droit à mon souvenir. Combien de fois ne m'a-t-il pas enlevé dans ses bras robustes comme il eût fait d'un enfant, pour me porter au bain! Il me faisait bien un peu de mal, car ma maigreur était telle que le moindre attouchement me faisait crier; mais avec quelle expression de bonté il me frictionnait ensuite dans la baignoire!

« Bon ? hein ? bon ? » répétait-il en riant et montrant ses dents blanches.

Puis il m'enveloppait de linge blanc, et me rapportait dans mon lit, dont il arrangeait les couvertures.

« Tranquille maintenant, sœur Marie apporter quelque chose de bon ! »

Et sœur Marie arrivait doucement en effet, apportant un réconfortant quelconque, un bouillon, un peu de blanc de poulet, une tasse de lait à la glace, un fruit ; elle accompagnait ces friandises de quelques bonnes paroles encourageantes... Il est si triste de se voir malade, mourant, loin des siens, qui ignorent même que vous êtes à deux doigts de la mort !

Quand je me trouvai un peu mieux et que la faculté de penser me revint, j'eus conscience de l'anéantissement dans lequel j'étais à bord du *Dagana*, et l'inquiétude me prit au sujet de mes bagages et de mon argent. Que devenir, en effet, si je n'avais plus rien ?... Et, bien sûr, je devais avoir été volé de tout ce que j'avais !... Je fis part de mes inquiétudes à la sœur Marie, qui envoya aussitôt le noir aux renseignements. Celui-ci revint bientôt avec ma sacoche, et me dit que mes bagages avaient été déposés à l'hôtel Richard, par les soins du capitaine du *Dagana*. Tranquille désormais, je me laissai aller au bien-être qu'on éprouve en sortant d'une grave maladie, quand on est entouré de bons soins, surtout quand ce bien-être succède à une série de fatigues et de privations. Au bout de quelques jours je pus me lever et faire quelques pas, appuyé d'abord et soutenu par deux noirs; puis un seul aide me suffit. Néanmoins le docteur ne me laissa pas ignorer que je courais le risque d'être fort longtemps à me remettre, et même de ne jamais reprendre mes forces complètement si je restais au Sénégal.

« Vous avez contracté la fièvre paludéenne dans toute sa violence, et l'on n'en sauve pas deux sur cent dans ces conditions, me dit-il; votre constitution est d'une vigueur rare pour avoir résisté. Maintenant la fièvre est guérie, mais vous êtes anémié au dernier degré, et l'air de la France seul pourra vous remettre complètement. »

Je n'avais rien de mieux à faire que de suivre ce conseil. Je m'embarquai donc sur le premier paquebot en partance, et, après une assez longue traversée, durant laquelle quelques forces me revinrent, je me retrouvai en France, au milieu des miens, que j'avais bien cru ne jamais revoir.

FIN

SOCIÉTÉ ANONYME D'IMPRIMERIE DE VILLEFRANCHE-DE-ROUERGUE
Jules Bardoux, Directeur.

www.ingramcontent.com/pod-product-compliance
Ingram Content Group UK Ltd.
Pitfield, Milton Keynes, MK11 3LW, UK
UKHW021925230726
13925UKWH00007B/505